リック式「右脳」メソッド

ヤバいくらい覚えられる

初中級 必修英単語

1500

リック西尾

リーディング

1回読み通したらワンチェック。

1	2	3	4
	40回に挑戦!!		
9	10	11	12
17	18	19	20
25	26	27	28
33	34	35	36

チェック チャート
さあ40回のリーディングに挑戦!!

5	6	7	8
13	14	15	16
21	22	23	24
29	30	31	32
37	38	39	40

ゴールおめでとう!!

リック式メソッドの原理

英語ができない三大原因

ヒアリングができないため

私たちが英語を耳にするとき、「何を言っているのか、さっぱりわからない」という現実に直面します。言葉を聞き取れずして、英語を習得するのは不可能です。にもかかわらず、私たちは、今までの英語学習でヒアリングの訓練をおろそかにしてきました。ですから、**私たちの脳には、英語の音声と言葉を認識する神経回路が形成されていないのです。**

英語を日本語に翻訳して理解するため

私たちは英語を理解するのに、一度日本語に翻訳してから理解します。だれもこのことを疑おうとはしません。しかし実は、このことこそが、日本人を英語のできない民族にしてしまった最大の原因なのです。日本語は日本語で考え理解するように、英語は英語で考え理解する。これが正しい方法なのです。今まで私たちは、英語の学習過程で、とにかく英語を日本語に翻訳し理解することに力を入れてきました。そのことが、**私たちの脳に、英語に対する複雑な神経回路を形成してしまったのです。**

右脳を活用しないため

私たちが英単語を記憶するとき、大変な困難と苦痛が伴います。そのことで、英語の習得に挫折した人も少なくありません。今まで私たちは、疑問を持つことなく英単語の暗記に努力してきましたが、ここにも重大な欠陥があります。実は、**私たちは、ほとんど右脳を活用せず、非合理的な方法で記憶をしてきたのです。**

右脳を活用しない従来の記憶法

右脳と左脳のはたらき

まず、右脳と左脳のはたらきについて考えてみます。大脳は右脳と左脳の二つに分かれており、それが脳梁(のうりょう)によって結ばれ、情報が伝達される仕組みになっています。
右脳は「イメージ脳」、左脳は「言語脳」といわれ、両方の脳がお互いに役割を分担し、協力しながら脳の機能をつかさどっています。

右 脳		
	非言語的	知識は、イメージを通して獲得される。
	全体的	問題を全体的に見て、飛躍的な洞察を行う。
	想像的	空想や想像をつかさどる。
	芸術的	絵画や音楽を鑑賞する。

|　左　脳　|─ **言語的**　読んだり、書いたり、話したりする能力をつかさどる。
　　　　　├ **分析的**　理性的、分析的な側面がある。
　　　　　├ **直線的**　情報は一つずつ順番に処理される。
　　　　　└ **数学的**　数字や記号は左脳で理解される。

言葉の性質について

次に、言葉の性質について考えてみます。言葉は基本的に二つの要素から成り立っています。一つは文字情報（表音・表記）の部分、もう一つはイメージ情報の部分で、この二つは表裏一体の関係にあります。具体的に「画鋲（がびょう）」という言葉を例にとって図式化すると以下のようになります。

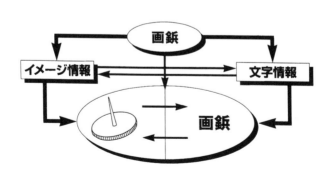

言葉と脳の関係

では、言葉と脳のかかわりはどのようになるのでしょうか。下記の図式のように、イメージ情報は右脳に、文字情報は左脳に分けられて、それぞれの脳に記憶されます。

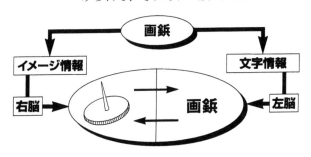

右脳のはたらきを疎外したテスト

ではここで、右脳を使わない記憶がいかに大変であるかを知るためのテストをしてみたいと思います。

右脳のはたらきを抑えることは、イメージの伴わない言葉を覚えることによって体験できます。イメージの伴わない言葉として、無意味な言葉があげられます。次の文章を記憶してみてください。

● **無意味な言葉**

> すましうろくもてと はとこるすくおき をごんたいえ

いかがですか。イメージの伴わない左脳だけの記憶が、いかに大変かということがおわかりいただけたと思います。

ちなみに、上記の言葉にイメージが加わると、記憶力は一気に飛躍します。

ひらがなを逆から読むと、

えいたんごを きおくすることは とてもくろうします

となります。

従来の英単語の記憶法

それでは、私たちの従来の英単語の記憶法は、どうして右脳のはたらきを疎外してきたのでしょうか。それを分析してみますと、以下のようになります。

1 「thumbtack」という英単語の文字を認識

2 対訳の「画鋲」という日本語と照合

3 thumbtack・画鋲thumbtack・画鋲
thumbtack・画鋲thumbtack・画鋲

4 「thumbtack」＝「画鋲」が脳に定着するまで記憶の作業を反復する

これを図式化すると次のようになります。

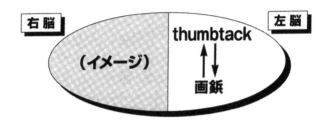

図式を見ていただくと、よくわかります。これだと**左脳内において表音表記の文字だけで記憶の作業が反復され、イメージが出力されていません**。つまり、右脳のはたらきがフリーズ状態のまま、記憶の作業が繰り返されていることになります。左脳だけの記憶がいかに大変かは、先ほどのテストで実験済みです。したがって、このような方法で記憶することは、非常に困難がつきまとい、また成果も上がりません。
では、どうすればよいのでしょうか。

リック式メソッドによる記憶法

まずは、図式を見てください。

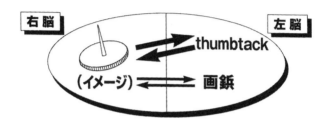

すでに私たちは、膨大な数の日本語を記憶しています。それはすなわち、その数の概念化されたイメージを、右脳に記憶していることを意味します。そのイメージを右脳から出力して、英単語の文字と合わせるのです。

それを実現するためには、どうすればよいのか。次の文章をお読みください。

ポスターを壁にthumbtackでとめる

この文章を読むと、前後の文脈からthumbtackが何であるかイメージできます。つまり、短い文章を通し右脳から画鋲

のイメージが出力されるのです。そのイメージとthumbtackを結合するのです。右脳におけるイメージを活用すると、記憶力が飛躍的に増すということは、先ほどのテストで実験済みです。

理解を深めるために、もう少し例文をお読みください。

●例文（本文より）

> 手をパチパチとclapする
> 目をパチクリとblinkする
> 胃袋で肉をdigestする
> 少女は恐怖でscreamする
> 稼いだお金を銀行にsaveする

いかがですか？　例文を読むと、英単語のイメージが浮かんできませんか。右脳に眠っているイメージが、呼び起こされたのではないでしょうか。

また、この方法だと、thumbtackを画鋲と理解しなくても、thumbtackをそのまま英語で理解することが可能になります。英語

を日本語に翻訳して理解するという私たちの悪い習慣から脱皮することができます。

ちなみに、英語をそのまま理解することを、実は、私たち日本人は無意識に行ってきました。次の表をご覧ください。

ビジネス	アイス	アタック	インサイド
イメージ	タイム	ウエスト	エゴイズム
オールド	ヌード	シングル	カルチャー
ジャンプ	クラブ	ギャップ	プレゼント
サービス	マーク	オープン	カンパニー

これらは外来語ですが、いちいち日本語の対訳と合わせながら覚えたわけではありません。ビジネスをビジネスとして、アイスをアイスとして、初めから自然に覚えたものばかりです。

本書の利用法

まず英単語の発音を習得していただくために、音声データを用意しています。まずはそれをPCやスマホにダウンロードしてください。

※ダウンロードは16頁及び表紙の袖に記載された方法に従って行ってください。

音声は各ページの見出しと英単語のみが録音されています。とてもシンプルです。日本語の対訳はついていません。それをすると従来型の左脳を使った記憶法になるからです。

まずは英単語を何度も聴いて、英単語の発音を耳から覚えてください。口に出して発音すればより効果的です。

後はその意味が分かれば、英単語の記憶は完成です。しかも英単語を日本語に還元しないで意味を覚えたことになります。

続いて英語の意味の記憶は本書を読んでおこないます。

本書は、**文章を読みながら英単語のイメージが浮かぶように工夫してつくられていま**

す。イメージを優先しているため、多少の不自然な文章はお許しください。

左ページの文章を読みながら英語の意味をイメージで捉えるようにして、右ページの対訳は、あくまで確認程度にとどめてください。

最初は日本語の意味を確認する必要がありますが、慣れてきたら左ページだけを読みながら英語の意味を右脳で覚えていきます。ただ、ピアノやゴルフの習得を考えてみればおわかりいただけると思いますが、何をするにも反復作業は必要な条件です。2～3回の反復でマスターを望むこと自体、非科学的なことです。英単語の記憶においても同じことが言えます。

この本は、1ページごとの読み切りにし、無駄な文章をいっさい省き、テンポよくリズミカルに読み進められるように工夫がこらされています。

チェックチャートが本書の巻頭に用意されていますので、できれば40回を目安に、そこに記入しながら読み返してください。慣れてくれば1時間で1冊読み通すことができ、早い人で40日足らずで、英単語1500

をマスターすることが可能です。
過去、受験で苦労された皆様が、この本を通して英単語習得が非常に容易であることを実感されるに違いありません。

リック西尾

> すべての英単語の音声入り
> **無料音声**
> （1～4倍速対応）
> **ダウンロード**
> スマホでも聴けます！

本書の英単語の音声は、パソコン・スマホ・タブレット端末のいずれでも無料でご利用いただけます。ダウンロードの詳細は、下記をご参照ください。

http://kklong.co.jp/shochukyu

下のQRコードからもアクセスできます。

■2倍速、3倍速、4倍速でチャレンジしてみよう！

　最初は通常のスピードで英文を聞き、声に出して下さい。少し慣れてきたら2倍速でチャレンジして下さい。それにも慣れてきたら3倍速に、さらに4倍速にまでチャレンジして下さい。

　やっているうちに左脳の自意識が薄れ、情報が右脳に定着しやすくなります。右脳に定着した英語の情報が左脳につながれば、いつでも理解し表現ができるようになります。そして自然に英語が口から出てくるようになります。

　このチャレンジの過程で、日本語という振動数の低い言語に慣れ切っていた聴覚が鋭くなってくるのが分かります。聴覚が敏感になることによって、振動数の高い英文を聞き取る力が高まります。

　試しに、高速に慣れてきたら、少しスピードを下げてみてください。以前は聞きにくかった英文がハッキリ聞こえ、いつの間にか右脳に定着しているのが実感できるはずです。

〈指導・制作〉
一般社団法人エジソン・アインシュタインスクール協会
　　　　　　　　　　　　　　代表　鈴木昭平

CONTENTS

リーディングチェックチャート …………………………… 2
リック式メソッドの原理 …………………………………… 4

基礎動詞英単語532
- ❶朝の生活 ……………………………………………… 24
- ❷日常の生活 …………………………………………… 26
- ❸生活の動作 …………………………………………… 28
- ❹赤ちゃんの動作 ……………………………………… 30
- ❺手の動作 ……………………………………………… 32
- ❻料理 …………………………………………………… 34
- ❼車の修理 ……………………………………………… 36
- ❽自然 …………………………………………………… 38
- ❾野獣 …………………………………………………… 40
- ❿探検 …………………………………………………… 42
- ⓫ターザン ……………………………………………… 44
- ⓬脱獄 …………………………………………………… 46
- ⓭宇宙船 ………………………………………………… 48
- ⓮船舶の事故 …………………………………………… 50
- ⓯病気 …………………………………………………… 52
- ⓰手術 …………………………………………………… 54
- ⓱展示 …………………………………………………… 56
- ⓲新聞社 ………………………………………………… 58
- ⓳怪しげな教祖 ………………………………………… 60
- ⓴教育ママ ……………………………………………… 62
- ㉑浪費 …………………………………………………… 64
- ㉒話す …………………………………………………… 66
- ㉓夫の浮気 ……………………………………………… 68

㉔様々な職業 …… 70
㉕様々な男性 …… 72
㉖人間関係 …… 74
㉗女の心 …… 76
㉘人生 …… 78
㉙させる …… 80
㉚会社 …… 82
㉛製品開発 …… 84
㉜移民 …… 86
㉝政治家 …… 88
㉞ひき逃げ …… 90
㉟刑事 …… 92
㊱犯罪 …… 94
㊲強制労働 …… 96
㊳戦争 …… 98
基礎名詞英単語728
㊴地理 …… 102
㊵海 …… 104
㊶天気① …… 106
㊷天気② …… 108
㊸日時 …… 110
㊹空港 …… 112
㊺乗り物 …… 114
㊻街道 …… 116
㊼街 …… 118
㊽場所 …… 120
㊾家 …… 122
㊿不動産 …… 124
(51)建物 …… 126

❷電化製品	128
❸家具	130
❹生活	132
❺郵便	134
❻銀行	136
❼家族	138
❽人①	140
❾人②	142
❿人③	144
❶店	146
❷職業①	148
❸職業②	150
❹職業③	152
❺体	154
❻病気	156
❼病院	158
❽薬	160
❾学校	162
❿授業	164
❶英語	166
❷英語学習	168
❸話	170
❹学問	172
❺物質	174
❻研究	176
❼キリスト教	178
❽社会①	180
❾社会②	182
❿カンパニー	184

- ㊁仕事 …………………………… 186
- ㊂経済 …………………………… 188
- ㊃生涯 …………………………… 190
- ㊄人生① ………………………… 192
- ㊅人生② ………………………… 194
- ㊆若者 …………………………… 196
- ㊇人間 …………………………… 198
- ㊈人間性 ………………………… 200
- ㊉心 ……………………………… 202
- ⑩出来事 ………………………… 204

基礎形容詞英単語252
- ⑨自然 …………………………… 208
- ⑩場所 …………………………… 210
- ⑪物 ……………………………… 212
- ⑫品物 …………………………… 214
- ⑬生活 …………………………… 216
- ⑭料理 …………………………… 218
- ⑮人 ……………………………… 220
- ⑯体 ……………………………… 222
- ⑰話 ……………………………… 224
- ⑩意見 …………………………… 226
- ⑩優秀な人 ……………………… 228
- ⑩好かれる人 …………………… 230
- ⑩嫌われる人 …………………… 232
- ⑩研究 …………………………… 234
- ⑩仕事 …………………………… 236
- ⑩社会 …………………………… 238
- ⑩経済 …………………………… 240
- ⑩政治 …………………………… 242

基礎動詞英単語
532

朝の生活

深い睡眠でグーグーと **snore** する
スノー(ァ)

ときおり変な夢を **dream** する
ドゥリーム

目覚ましのベルが **ring** する
リング

ベルの音に驚き **awake** する
アウェイク

7時ちょうどに **wake** する
ウェイク

体を起こし「ふぁ〜っ」と **yawn** する
ヨーン

手で目をゴシゴシと **rub** する
ラブ

背中をボリボリ **scratch** する
スクラッチ

歯ブラシで歯を **brush** する
ブラシ

ボサボサの髪を **comb** する
コウム

レンジでお湯を **boil** する
ボイル

コップにお湯を **pour** する
ポー(ァ)

お湯にコーヒーの粉末を **add** する
アッド

それをスプーンで **stir** する
スター

1

単語	意味1	意味2
snore [snɔːr]	いびきをかく	名いびき
dream [driːm]	夢を見る	名夢
ring [riŋ]	鳴る	を鳴らす 名鳴る音
awake [əwéik]	目が覚める	形目が覚めて
wake [weik]	目が覚める	の目を覚まさせる
yawn [jɔːn]	あくびをする	名あくび
rub [rʌb]	をこする	
scratch [skrætʃ]	をひっかく	名かき傷 名かすり傷
brush [brʌʃ]	を磨く	にブラシをかける 名ブラシ
comb [koum]	をくしでとかす	名くし
boil [bɔil]	を沸かす	沸騰する を煮る
pour [pɔːr]	を注ぐ	
add [æd]	を加える	を足す
stir [stəːr]	をかきまわす	を動かす

日常の生活

部屋をほうきで **sweep**(スウィープ) する

本棚のほこりを **dust**(ダスト) する

ワイシャツを漂白剤に **soak**(ソゥク) する

ワイシャツを白く **bleach**(ブリーチ) する

洗濯物を水で **rinse**(リンス) する

それを縁側で **dry**(ドゥライ) する

庭の雑草を **weed**(ウィード) する

花壇にホースで **water**(ウォータァ) する

芝生に水を **sprinkle**(スプリンクル) する

花壇から花を **pick**(ピック) する

摘んだ花を花瓶に **arrange**(アレインヂ) する

犬にえさを **feed**(フィード) する

近くのスーパーで **shop**(シャップ) する

車を駐車場に **park**(パーク) する

2

☐ **sweep** [swi:p]	を掃く	掃除する 名掃除
☐ **dust** [dʌst]	のちりを払う	名ちり
☐ **soak** [souk]	を浸す	を濡らす を吸収する(液体)
☐ **bleach** [bli:tʃ]	を漂白する	名を白くする 名漂白
☐ **rinse** [rins]	をすすぐ	名すすぎ
☐ **dry** [drai]	を干す	形乾いた
☐ **weed** [wi:d]	の草取りをする	名雑草
☐ **water** [wɔ́:tər]	に水をやる	涙を出す 名水
☐ **sprinkle** [spríŋkl]	をまく(水・砂・粉など)	をふりかける
☐ **pick** [pik]	を摘む	をつつく を選ぶ
☐ **arrange** [əréindʒ]	を生ける	を整える を取り決める
☐ **feed** [fi:d]	にえさを与える	を供給する (原料など)
☐ **shop** [ʃɑp]	買い物をする	名店
☐ **park** [pɑ:rk]	を駐車する	名公園 名駐車場

生活の動作

開いた窓を **shut**〈シャット〉する

ドアをバタンと **bang**〈バング〉する

乾いた洗濯物を **fold**〈フォウルド〉する

たたんである風呂敷を **unfold**〈アンフォウルド〉する

まるめたカーペットを **spread**〈スプレッド〉する

ほどけた靴ひもを **tie**〈タイ〉する

まっすぐな針金を **bend**〈ベンド〉する

電気の延長コードを **connect**〈コネクト〉する

包装紙でプレゼントを **wrap**〈ラップ〉する

ひもで新聞の束を **bind**〈バインド〉する

色紙を画用紙に **paste**〈ペイスト〉する

キリでベニヤ板に穴を **drill**〈ドゥリル〉する

ポーカーでトランプを **deal**〈ディール〉する

いらないカードを **discard**〈ディスカード〉する

3

shut [ʃʌt]	を締める	閉まる
bang [bæŋ]	バタンと閉める	ドンと音をたてて置く
fold [fould]	を折りたたむ	
unfold [ʌnfóuld]	を広げる	広がる
spread [spred]	を広げる	広がる 名広がり
tie [tai]	を結ぶ	しばる 名ネクタイ
bend [bend]	を曲げる	曲がる
connect [kənékt]	をつなぐ	
wrap [ræp]	を包む	
bind [baind]	を縛る	
paste [peist]	をのりではる	名のり 名練り物
drill [dril]	をあける(穴)	を訓練する 名きり
deal [di:l]	を配る	を分配する 名配ること
discard [diská:rd]	を捨てる (不要物・習慣・意見など)	

赤ちゃんの動作

手をパチパチと **clap**(クラップ) する

太鼓をトントンと **tap**(タップ) する

積み木を上に **pile**(パイル) する

おもちゃのネジを **wind**(ワインド) する

人形の首を左右に **twist**(トゥウィスト) する

ボールをコロコロと **roll**(ロウル) する

細い棒をポキッと **split**(スプリット) する

哺乳ビンでミルクを **suck**(サック) する

皿を舌でペロペロと **lick**(リック) する

食器をのせたお盆を **overturn**(オウヴァターン) する

カーペットをベタベタに **spot**(スパット) する

プールで楽しく **bathe**(ベイズ) する

バシャバシャと水を **splash**(スプラッシ) する

目をパチクリと **blink**(ブリンク) する

4

☐ **clap** [klæp]	を叩く(手)	拍手する ピシャリ(擬音)
☐ **tap** [tæp]	を軽く叩く	を軽く打つ トントン(擬音)
☐ **pile** [pail]	を積み重ねる	積もる 名積み重ね
☐ **wind** [waind]	を巻く(ネジ・糸など)	をまわす
☐ **twist** [twist]	をねじる	をよる をねんざする
☐ **roll** [roul]	を転がす	転がる を巻く
☐ **split** [split]	を割る(木材など)	割れる 名裂け目
☐ **suck** [sʌk]	を吸う	をしゃぶる
☐ **lick** [lik]	をなめる	に勝つ を殴る
☐ **overturn** [òuvərtə́:rn]	をひっくり返す	ひっくり返る 転覆する
☐ **spot** [spɑt]	を汚す	名斑点 名場所
☐ **bathe** [beið]	水浴する	入浴する を入浴させる
☐ **splash** [splæʃ]	をはねちらす	はねる はね(泥などの)
☐ **blink** [bliŋk]	またたく	ぴかぴか光る をパチクリさせる

手の動作

両手でしっかりと手綱を **grasp**(グラスプ) する

力いっぱいつり革を **grip**(グリップ) する

バーゲンの商品をすばやく **seize**(スィーズ) する

玄関のベルを **press**(プレス) する

綱引きのロープを必死に **pull**(プル) する

ほっぺたをギュッと **pinch**(ピンチ) する

バットでボールを **knock**(ナック) する

ドラムをドンドンと **beat**(ビート) する

子供の頭を優しく **stroke**(ストゥロウク) する

荷物をしっかりと **hold**(ホウルド) する

バーベルを上に **lift**(リフト) する

ボールをキャッチャーに **throw**(スロウ) する

紙くずをごみ箱に **toss**(ト(ー)ス) する

旗をパタパタと **wave**(ウェイヴ) する

5

☐ **grasp** [græsp]	をつかむ	を理解する
☐ **grip** [grip]	をしっかり握る	を引きつける(注意など) 名理解(ふつうaをつけて)
☐ **seize** [si:z]	をつかむ(急に強く)	を奪う を襲う(病気などが)
☐ **press** [pres]	を押す	名出版(theをつけて) 名報道陣
☐ **pull** [pul]	を引っ張る	進む(船・車などが) 名引っ張ること
☐ **pinch** [pintʃ]	をつねる	をはさむ 名つねること
☐ **knock** [nɑk]	を打つ(音をたてて)	コツコツ叩く 名ノック
☐ **beat** [bi:t]	を打つ(続けざまに)	を打ち負かす を強くかき混ぜる
☐ **stroke** [strouk]	をなでる	をさする 名なでること
☐ **hold** [hould]	を手に持つ	を保つ 名続ける(ある状態を)
☐ **lift** [lift]	を持ち上げる	持ち上がる を高める(地位など)
☐ **throw** [θrou]	を投げる	放る 名投げること
☐ **toss** [tɔ(:)s]	を放り投げる	寝返りをうつ 名放り上げること
☐ **wave** [weiv]	を振る	揺れる 名波

料理

ビールを冷たく **chill** する

煮えたぎるスープを **cool** する

冷凍食品を **defrost** する

冷めたカレーを温かく **heat** する

バナナの皮を **peel** する

ジャガイモの皮を **pare** する

ニンジンを細かく **chop** する

食パンをこんがりと **toast** する

クッキーをオーブンで **bake** する

魚を網の上で **grill** する

鶏肉を炭火で **broil** する

牛肉のかたまりを直火で **roast** する

エビの天ぷらを **deep-fry** する

焼き飯のご飯を **stir-fry** する

6

☐ **chill** [tʃil]	を冷やす	图冷たさ
☐ **cool** [ku:l]	を冷ます	冷える 形涼しい
☐ **defrost** [dì:frɔ́(:)st]	を解凍する	
☐ **heat** [hi:t]	を熱する	图熱
☐ **peel** [pi:l]	をむく(果物の皮)	皮がむける 图皮(果物などの)
☐ **pare** [pεər]	の皮をむく(ナイフで)	を切る
☐ **chop** [tʃɑp]	を切り刻む	を叩き切る 图叩き切ること
☐ **toast** [toust]	をこんがり焼く	图トースト
☐ **bake** [beik]	を焼く(クッキーなど)	焼ける
☐ **grill** [gril]	を網で焼く	焼ける(日に)
☐ **broil** [brɔil]	を照り焼きする	
☐ **roast** [roust]	を直火で焼く	焼ける 形焼いた
☐ **deep-fry** [dí:pfrái]	を油で揚げる	
☐ **stir-fry** [stə́:rfrài]	を炒める	

車の修理

故障した車を **repair** する

車を別の車で **tow** する

ガレージに **move** させる

割れたライトを **fix** する

破れたシートを **mend** する

ボンネットを開けて中を **peer** する

古いオイルフィルターを **exchange** する

ボルトをレンチで **loosen** する

古い部品を車体から **remove** する

部品を **renew** する

部品を取りつけてボルトを **tighten** する

修理を完了して油の汚れを **wipe** する

車体にワックスを塗り **polish** する

ラジエーターに水を **fill** する

7

☐ **repair** [ripéər]	を修理する（大きなもの・複雑なもの）	を修繕する 名修繕
☐ **tow** [tou]	を綱で引く(車・船など)	
☐ **move** [muːv]	を移動させる	引っ越す を感動させる
☐ **fix** [fiks]	を修理する	を固定する を定める
☐ **mend** [mend]	をつくろう	を修繕する を改める
☐ **peer** [píər]	のぞく	目を凝らして見る
☐ **exchange** [ikstʃéindʒ]	を交換する	を取り交わす 名交換
☐ **loosen** [lúːsn]	をゆるめる	ゆるむ をほどく
☐ **remove** [rimúːv]	を外す	を脱ぐ を解任する
☐ **renew** [rin(j)úː]	を新しくする	を更新する を継続する
☐ **tighten** [táitn]	を締める	をきつくする を引き締める
☐ **wipe** [waip]	をぬぐう	をふく 名ぬぐうこと
☐ **polish** [páliʃ]	を磨く	仕上げる のつやを出す
☐ **fill** [fil]	を満たす	をいっぱいに占める

自然

風がそよそよと **blow** する

小川の水がチョロチョロと **flow** する

川の水は下流に向かって **stream** する

水面が太陽の光を **reflect** する

チカチカと光が **shine** する

岸辺にきれいな花が **bloom** する

梅の木に花が **blossom** する

咲いた花もやがて **fade** する

空がどんよりと **cloud** する

咲いた花はいずれ **wilt** する

大きな音が **sound** する

轟音が大地を **rock** する

雪が降り地面を **coat** する

気温が零下になり池の水が **freeze** する

8

blow [blou]	吹く(風が)	息を吐く を吹く
flow [flou]	流れる(川・水・涙など)	名流れ
stream [stri:m]	流れる	名小川
reflect [riflékt]	を反射する	はね返る を映す
shine [ʃain]	輝く	を磨く を照らす
bloom [blu:m]	咲く	名花盛り 名花(観賞用の)
blossom [blásəm]	花が開く	名花盛り 名花(とくに果実のなる木)
fade [feid]	しぼむ	あせる さめる
cloud [klaud]	曇る	名雲
wilt [wilt]	しおれる	をしおれさせる しょげる(人が)
sound [saund]	音がする	に聞こえる 名音
rock [rɑk]	を揺り動かす	揺れ動く
coat [kout]	をおおう	名コート
freeze [fri:z]	凍る	凍える を凍らせる

野獣

狂暴な野獣が密林に **dwell** する

浅瀬の川を **cross** する

切り立った岩の上で **bark** する

茂みに身を伏せて獲物を **stare** する

突然に獲物に向かって **rush** する

素早く獲物の首に **bite** する

獲物は首を垂れ **die** する

野獣はゼーゼーと荒々しく **breathe** する

鼻をクンクンさせて獲物を **smell** する

鋭い歯で肉を **tear** する

ムシャムシャと **chew** する

しばらく横になり **rest** する

胃袋で肉を **digest** する

食べ残したえさを土に **bury** する

9

☐ **dwell** [dwel]	住む(文語的)	
☐ **cross** [krɔ(:)s]	を横切る	渡る 名十字
☐ **bark** [bɑːrk]	ほえる	名ほえ声
☐ **stare** [stɛər]	じっと見る	じっと見つめる
☐ **rush** [rʌʃ]	突進する	名突進
☐ **bite** [bait]	かみつく	をかむ 名かむこと
☐ **die** [dai]	死ぬ	枯れる(植物が)
☐ **breathe** [briːð]	息をする	呼吸する
☐ **smell** [smel]	のにおいをかぐ	のにおいがする 名におい
☐ **tear** [tɛər]	引き裂く	を引き離す 名裂け目
☐ **chew** [tʃuː]	をかむ	
☐ **rest** [rest]	休む	を休ませる 名休憩
☐ **digest** [daidʒést]	を消化する	を理解する 名要約
☐ **bury** [béri]	を埋める	

探検

探検家のＡ氏は新たな探検を **project** する

この探検に仲間５人が **join** する

Ａ氏は探検のための荷物を **prepare** する

必要な装備を **pack** する

準備を終えて探検に **leave** する

セスナ機で秘境の大陸に **land** する

密林におおわれたジャングルを **explore** する

謎の秘宝を **search** する

Ａ氏は自信を持って隊員を **direct** する

密林で道に **stray** する

ジャングルの中を **wander** する

極度の疲労から隊員は **stagger** する

しばらく休憩をとり **smoke** する

弱っている隊員を **cheer** する

10

☐ **project** [prədʒékt]	を計画する	名計画 名企画
☐ **join** [dʒɔin]	に加わる	参加する をつなぐ
☐ **prepare** [pripéər]	準備する	の準備をする を用意する
☐ **pack** [pæk]	を荷造りする	名包み 名一味(悪人などの)
☐ **leave** [liːv]	出発する	を去る を置き忘れる
☐ **land** [lænd]	着陸する	上陸する 名陸
☐ **explore** [iksplɔ́ːr]	を探検する	
☐ **search** [səːrtʃ]	捜す	を捜索する 名捜索
☐ **direct** [dirékt]	を指揮する	形直接の 形まっすぐな
☐ **stray** [strei]	道に迷う	はぐれる 形はぐれた
☐ **wander** [wɑ́ndər]	さまよう	歩きまわる 迷子になる
☐ **stagger** [stǽgər]	よろめく	ふらふら歩く 名よろめき
☐ **smoke** [smouk]	タバコを吸う	煙が出る 名煙
☐ **cheer** [tʃiər]	を元気づける	を励ます 名歓呼

ターザン

ターザンは岩に **climb**(クライム) する

岩場に立ち下を **overlook**(オウヴァルック) する

ジャンプして岩場から滝に **plunge**(プランヂ) する

息をとめて水の中を **dive**(ダイヴ) する

魚を素手で **catch**(キャッチ) する

岩場に上がりゼーゼーと **gasp**(ギャスプ) する

つかまえた魚をムシャムシャと **munch**(マンチ) する

食べ物をゴクリと **swallow**(スワロウ) する

ターザンは思いっきり **leap**(リープ) する

勢いよくツルに **hang**(ハング) する

大声で「ハアアア〜ツ」と **exclaim**(イクスクレイム) する

ツルが切れて地面に **fall**(フォール) する

頭を強く **hit**(ヒット) する

意識を失い **faint**(フェイント) する

11

☐ **climb** [klaim]	によじ登る（手足を使って）	を登る
☐ **overlook** [òuvərlúk]	を見下ろす	を見落とす を大目に見る
☐ **plunge** [plʌndʒ]	飛び込む	突入する 名突入
☐ **dive** [daiv]	水にもぐる	飛び込む（頭から） 名飛び込み
☐ **catch** [kætʃ]	をつかまえる	に追いつく（人・物） にかかる（病気）
☐ **gasp** [gæsp]	息を切らす	あえぐ 名息切れ
☐ **munch** [mʌntʃ]	ムシャムシャと食べる	
☐ **swallow** [swálou]	をのみこむ	をうのみにする 名ひと飲み
☐ **leap** [li:p]	ジャンプする	跳ぶ 大きく変化する
☐ **hang** [hæŋ]	ぶら下がる	を掛ける を絞首刑にする
☐ **exclaim** [ikskléim]	叫ぶ	と叫ぶ
☐ **fall** [fɔ:l]	落ちる	名落下 名秋
☐ **hit** [hit]	を打つ	をぶつける 名打撃
☐ **faint** [feint]	気絶する	失神する 形かすかな

脱獄

囚人Aは危険な脱獄に命を **risk** する

綿密な計画を **execute** する

地面に穴を **dig** する

穴を腹ばいになって **crawl** する

ひじを使って **creep** する

囚人Aはなんとか牢獄から **escape** する

足につながれた重い鎖を **drag** する

途中で石に **stumble** する

丘をゴロゴロと **tumble** する

手の皮を **scrape** する

足の骨をボキッと **break** する

ズキンズキンと足が **ache** する

その痛みをひたすら **endure** する

あばら家に **hide** する

12

☐ **risk** [risk]	をかける(生命など)	名危険
☐ **execute** [éksəkjù:t]	を実行する(計画・仕事など)	の死刑を執行する
☐ **dig** [dig]	を掘る	
☐ **crawl** [krɔ:l]	はう	のろのろと進行する
☐ **creep** [kri:p]	はう	忍び寄る
☐ **escape** [iskéip]	逃げる	を逃れる 名脱出
☐ **drag** [dræg]	を引きずる	だらだら長引く
☐ **stumble** [stʌ́mbl]	つまずく	つかえる 名つまずき
☐ **tumble** [tʌ́mbl]	転がる	名転倒 名転落
☐ **scrape** [skreip]	をすりむく(皮膚)	をこする にすり傷をつける
☐ **break** [breik]	を折る	を壊す 名休憩
☐ **ache** [eik]	痛む	名痛み
☐ **endure** [ind(j)úər]	を我慢する	に耐える(長期間、不幸や苦痛など)
☐ **hide** [haid]	隠れる	を隠す

宇宙船

NASAが宇宙船を **build** する

コンピューターであらゆる数値を **calculate** する

特殊な鋼材で機体を **frame** する

重要な計器を機体に **equip** する

複雑なコードを計器に **link** する

5人の宇宙飛行士が宇宙船に **board** する

巧みに宇宙船を **handle** する

宇宙船を上空に向けて **launch** する

ゴゴゴゴッと轟音が **roar** する

宇宙船に突然故障が **occur** する

燃料タンクが **crack** する

ひびが裂けてガスが **leak** する

漏れたガスに引火し機体が **explode** する

機体は旋回しながら **crash** する

13

☐ **build** [bild]	を造る（部品を組み立てて）	を建てる 名体格
☐ **calculate** [kǽlkjulèit]	を計算する	を見積もる
☐ **frame** [freim]	を組み立てる	名枠 名骨組み
☐ **equip** [ikwíp]	に装備をする	
☐ **link** [liŋk]	をつなぐ	連合する を連結する
☐ **board** [bɔːrd]	に乗船する	名板 名委員会
☐ **handle** [hǽndl]	を操縦する	に手を触れる 名柄
☐ **launch** [lɔːntʃ]	を発射する	を進水させる（船） を始める（事業など）
☐ **roar** [rɔːr]	とどろく	ほえる 名ほえ声
☐ **occur** [əkə́ːr]	生じる	起こる（事が） ふと心に浮かぶ
☐ **crack** [kræk]	ひびが入る	にひびを入れる 名割れ目
☐ **leak** [liːk]	漏れる	を漏らす
☐ **explode** [iksplóud]	爆発する	を爆発させる
☐ **crash** [kræʃ]	墜落する	大きな音をたてて壊れる 名衝突（事故）

船舶の事故

原子力船が太平洋を sail する

大量の荷物を convey する

船舶の原子炉に異常が happen する

エンジンに高温の熱を generate させる

熱はエンジンの金属を melt する

ついに原子炉が burst する

船体が激しく sway する

海面がゆらゆらと quake する

船は炎に包まれ激しく burn する

爆発と火災が船体を destroy する

船体は海中に sink する

船体の木片が海面に float する

船員は避難し無事 survive する

漏れた放射能が海水を pollute する

14

sail [seil]	航海する	帆で走る 名 帆
convey [kənvéi]	を運搬する	を運ぶ を伝える
happen [hǽpən]	起こる(偶然に)	生じる
generate [dʒénərèit]	を発生させる	を起こす
melt [melt]	を溶かす	溶ける やわらぐ(心などが)
burst [bə:rst]	破裂する	を破裂させる 名 破裂
sway [swei]	揺れる	を揺さぶる 名 揺れ
quake [kweik]	揺れる(地面などが)	震える 名 地震
burn [bə:rn]	燃える	を燃やす 名 やけど
destroy [distrɔ́i]	を破壊する	を滅ぼす
sink [siŋk]	沈む	を沈める 名 流し台
float [flout]	浮く	漂う 名 浮き(釣りの)
survive [sərváiv]	を切り抜けて生き残る	長生きする
pollute [pəlú:t]	を汚染する	を汚す(水・空気など)

病気

階段を登るとすぐに **sweat**(スウェット) する

ゴホンゴホンと **cough**(コ(ー)フ) する

チクチクと胸のあたりが **hurt**(ハート) する

立っていられずに壁に **lean**(リーン) する

ぐっと痛みを **bear**(ベア) する

ようやく痛みが治まりホッと **sigh**(サイ) する

毎日続いた残業に **concern**(コンサーン) する

いったん家に **return**(リターン) する

行きつけの医者に **consult**(コンサルト) する

先生に頭を下げ **bow**(バウ) する

先生の質問に **reply**(リプライ) する

先生の説明に **nod**(ナッド) する

出された薬は苦い **taste**(テイスト) する

その薬は病気を **cure**(キュア) する

sweat [swet]	汗をかく	名汗
cough [kɔ(:)f]	咳をする	名咳
hurt [hə:rt]	痛む	に怪我をさせる 名怪我
lean [lí:n]	に寄りかかる	もたれる をもたせかける
bear [bɛər]	を我慢する	に耐える を生む(文語的)
sigh [sai]	ため息をつく	名ため息
concern [kənsə́:rn]	に関係がある	名関心事
return [ritə́:rn]	帰る(元の場所へ)	を返す 名返すこと
consult [kənsʌ́lt]	に診てもらう	と相談する に意見を求める(専門家)
bow [bau]	おじぎをする	名おじぎ
reply [riplái]	返事をする	答える 名返答
nod [nɑd]	うなずく	会釈する 名うなずき
taste [teist]	の味がする	を味わう 名味
cure [kjúər]	を治す(病気)	を保存する(食料) 名全快

手術

ドクターは患者の病気を **treat** する
(トゥリート)

患者の身体を **examine** する
(イグザミン)

手術を受けるように **suggest** する
(サ(グ)チェスト)

患者は手術を受けるかどうか **hesitate** する
(ヘズィテイト)

思いきって手術を **determine** する
(ディター～ミン)

ドクターは患者を手術台に **lay** する
(レイ)

患者の患部を **operate** する
(アペレイト)

全身麻酔をし痛みを **relieve** する
(リリーヴ)

手術の傷口を針で **sew** する
(ソウ)

難しい手術を無事 **end** する
(エンド)

手術はミスすることなく **succeed** する
(サクスィード)

ドクターは手術で神経を **strain** する
(ストゥレイン)

身体をぐったりと **tire** させる
(タイア)

患者は健康を **recover** する
(リカヴァ)

54

16

☐ **treat** [triːt]	を治療する	を扱う 图おごり
☐ **examine** [igzǽmin]	を検査する	を調査する を診察する
☐ **suggest** [sə(g)dʒést]	を提案する	
☐ **hesitate** [hézətèit]	ためらう	躊躇する 口ごもる
☐ **determine** [ditə́ːrmin]	決心する(しようと)	を決定する
☐ **lay** [lei]	を横たえる	を置く を用意する
☐ **operate** [ápərèit]	手術する	動く(機械などが) を操作する(機械など)
☐ **relieve** [rilíːv]	を取り除く (不安・苦痛など)	を交換する(人)
☐ **sew** [sou]	を縫う	縫い物をする
☐ **end** [end]	を終える	終わる 图終わり
☐ **succeed** [səksíːd]	成功する	のあとに続く
☐ **strain** [strein]	を極度に使う	をこす(液体) を張りつめる
☐ **tire** [táiər]	を疲れさせる	疲れる
☐ **recover** [rikʌ́vər]	を回復する	を取り戻す を埋め合わせる(損失など)

展示

美術コレクターは世界中の芸術作品を **collect** する

公共の美術館を **rent** する

それらの作品を **exhibit** する

数ある作品の中からいいものを **choose** する

室内のライトを **replace** する

部屋全体を **brighten** する

マスコミに展示会の開催を **notify** する

新聞の広告欄に展示会を **advertise** する

多くの人に展示会の開催を **inform** する

たくさんの来訪を **long** する

来訪者を心から **welcome** する

案内状を出して取材陣を **invite** する

取材陣に作品を **introduce** する

一つ一つの作品を **explain** する

17

☐ **collect** [kəlékt]	を収集する	を集める をまとめる(考え)
☐ **rent** [rent]	を借りる	を賃貸する 名使用料
☐ **exhibit** [igzíbit]	を展示する	を公開する を示す(文語的)
☐ **choose** [tʃuːz]	を選ぶ	を選択する
☐ **replace** [ripléis]	を取り替える	にとって代わる
☐ **brighten** [bráitn]	を明るくする	を輝かせる
☐ **notify** [nóutəfài]	に通知する	
☐ **advertise** [ǽdvərtàiz]	を宣伝する	を広告する
☐ **inform** [infɔ́ːrm]	に知らせる(人)	
☐ **long** [lɔ(ː)ŋ]	切望する	
☐ **welcome** [wélkəm]	を歓迎する	名歓迎 形歓迎される
☐ **invite** [inváit]	を招く	を招待する
☐ **introduce** [ìntrəd(j)úːs]	を紹介する	を導入する (風習など)
☐ **explain** [ikspléin]	を説明する	

新聞社

新しく新聞社を **stablish**(エスタブリシ) する

保守系の新聞を **publish**(パブリシ) する

新聞社は高額で記者を **employ**(エンプロイ) する

記者は記事にするため事件を **cover**(カヴァ) する

取材に時間を **spare**(スペア) する

記者は重要なポイントを **note**(ノウト) する

簡潔な文章で内容を **describe**(ディスクライブ) する

編集長は記事を種類別に **sort**(ソート) する

その中から面白い記事を **select**(セレクト) する

記事の流れを **compose**(コンポウズ) する

通信社から送られてきた英文を **translate**(トゥランスレイト) する

余ったスペースにトピック記事を **carry**(キャリィ) する

印刷した新聞はトラックに **heap**(ヒープ) する

全国の販売店に新聞を **deliver**(ディリヴァ) する

18

☐ **establish** [istǽbliʃ]	を設立する(組織)	を制定する(法律など)
☐ **publish** [pʌ́bliʃ]	を発行する	を発売する を出版する
☐ **employ** [implɔ́i]	を雇う(人)	
☐ **cover** [kʌ́vər]	を取材する(おもに事件)	をおおう を報道する
☐ **spare** [spɛər]	を割く(時間など)	形予備の 名予備の部品
☐ **note** [nout]	を書きとめる	名覚え書き 名メモ
☐ **describe** [diskráib]	を描写する	
☐ **sort** [sɔːrt]	を分類する	名種類
☐ **select** [səlékt]	を選ぶ	形精選した
☐ **compose** [kəmpóuz]	を構成する	を組み立てる をつくる(音楽など)
☐ **translate** [trænsléit]	を翻訳する	を訳す
☐ **carry** [kǽri]	を載せる(記事)	を運ぶ を持ち歩く
☐ **heap** [hiːp]	を山と積む	名山(積み重なった物の)
☐ **deliver** [dilívər]	を配達する	を届ける

怪しげな教祖

怪しげな教祖は信者を **gather** する

彼らの前で霊能力を **demonstrate** する

亀の甲羅に文字を **carve** する

ポタポタと赤い液体を **drip** する

奇声をあげて **pray** する

甲羅に入れた血を **scatter** する

おかしな言葉を **utter** する

ぶつぶつと **mutter** する

教祖はみんなを **excite** させる

信者の心を **attract** する

信者は心から教祖を **respect** する

教祖の言うことを **believe** する

信者は偉大なる教祖を **worship** する

疑うことなくお金を **donate** する

19

gather [gǽðər]	を集める	を集合させる / 集まる
demonstrate [démənstrèit]	を実証する	デモをする / を説明する
carve [kɑːrv]	を刻む	を切り分ける(肉) / に彫刻をする(石・木など)
drip [drip]	をたらす	をしたたらせる / したたる(液体が)
pray [prei]	祈る	に懇願する(人)
scatter [skǽtər]	をまきちらす	を追いちらす
utter [ʌ́tər]	を発する(言葉・声)	を表現する / を述べる(考えなど)
mutter [mʌ́tər]	つぶやく	をぶつぶつ言う / 名つぶやき
excite [iksáit]	を興奮させる	を起こさせる(感情など)
attract [ətrǽkt]	を引きつける	を魅惑する
respect [rispékt]	を尊敬する	名点 / 名尊敬の念
believe [bilíːv]	を信じる(人の言うこと)	
worship [wə́ːrʃip]	を崇拝する	名崇拝
donate [dóuneit]	を寄付する	寄金をする

教育ママ

教育ママは自分の息子を **educate** する

息子の願いは何でも **grant** する

わがままに子供を **spoil** する

頭をなでながら息子を **praise** する

近所の子供と息子の成績を **compare** する

出来のいい息子を **pride** する

息子は受験で一流大学を **aim** する

ママは背中を叩き息子を **inspire** する

「頑張ればできる」と **encourage** する

陰になり日向になり息子を **support** する

息子は無事に一流大学に **enter** する

ママは息子の合格を **congratulate** する

ママは息子のことをみんなに **boast** する

自分の虚栄心を **satisfy** させる

20

educate [édʒukèit]	を教育する	を訓練する
grant [grænt]	をかなえる	を与える(権利など) 名授与されたもの
spoil [spɔil]	を甘やかしてだめにする	を台なしにする
praise [preiz]	をほめる	名賞賛 名ほめること
compare [kəmpéər]	を比較する	
pride [praid]	を誇る	名誇り 名自尊心
aim [eim]	を狙う(目標など)	を向ける 名狙い
inspire [inspáiər]	を奮起させる	を奮い立たせる を起こさせる(感情など)
encourage [inkə́:ridʒ]	を勇気づける	励ます
support [səpɔ́:rt]	を支える	を支持する 名支え
enter [éntər]	に入る	に入学する
congratulate [kəngrǽtʃulèit]	を祝う	
boast [boust]	を自慢する	を誇りにする 名自慢
satisfy [sǽtisfài]	を満足させる	

浪費

豊かな生活を求め **toil** する

必死に働きどんどんお金を **earn** する

稼いだお金を銀行に **save** する

念願の新車を **own** する

無理をして自分の家を **possess** する

ぜいたくな家具を **purchase** する

まだまだ経済的に **afford** がある

物欲に流されてお金を **waste** する

カードで預金を **withdraw** する

どんどん貯金を **reduce** する

それでもぜいたくな生活を **maintain** する

ついにお金を銀行から **borrow** する

借金の総額が1000万円に **amount** する

サラ金から金を借りてローンを **pay** する

21

☐ **toil** [tɔil]	あくせく働く (文語的)	
☐ **earn** [əːrn]	を稼ぐ	を得る を受ける
☐ **save** [seiv]	をたくわえる	を救う を節約する
☐ **own** [oun]	を所有する	形自分自身の
☐ **possess** [pəzés]	を所有する	を持つ
☐ **purchase** [pə́ːrtʃəs]	を購入する	を買う 名購入
☐ **afford** [əfɔ́ːrd]	余裕がある	するお金がある する暇がある
☐ **waste** [weist]	を無駄に使う	を浪費する 名浪費
☐ **withdraw** [wiðdrɔ́ː]	を引き出す	を撤回する を引っ込める
☐ **reduce** [rid(j)úːs]	を減らす	を縮小する を切りつめる
☐ **maintain** [me(i)ntéin]	を維持する	を続ける を主張する
☐ **borrow** [bárou]	を借りる	
☐ **amount** [əmáunt]	総計〜になる	名額 名総額(theをつけて)
☐ **pay** [pei]	を支払う	に報いる 金を支払う

話す

外国人は英語を正しく **pronounce** する

老人は小さな声で **whisper** する

少女は恐怖で **scream** する

女学生は休み時間に教室で **chat** する

母親はいたずらした子供を **scold** する

先生は生徒に「おはよう」と **greet** する

女性は恋人にふられて **bawl** する

男性は美しい女性に **address** する

大学生はクラスメートと政治について **discuss** する

部下は上司に営業実績を **report** する

OLは会社の待遇に **complain** する

視聴者は映画の感想を **remark** する

評論家はテレビ番組で意見を **comment** する

政治家は評論家と将来の政策を **argue** する

22

☐ **pronounce** [prənáuns]	を発音する	を下す(判決など)
☐ **whisper** [(h)wíspər]	ささやく	ないしょ話をする 图ささやき声
☐ **scream** [skri:m]	悲鳴をあげる	金切り声をあげる 图悲鳴
☐ **chat** [tʃæt]	雑談する	おしゃべりをする 图雑談
☐ **scold** [skould]	をしかる	
☐ **greet** [gri:t]	にあいさつする	を迎える
☐ **bawl** [bɔ:l]	泣きわめく	をどなって言う
☐ **address** [ədrés]	に話しかける	图住所 图演説
☐ **discuss** [diskʌ́s]	について話し合う	を議論する
☐ **report** [ripɔ́:rt]	を報告する	图報告 图記事
☐ **complain** [kəmpléin]	不平を言う	苦情を訴える
☐ **remark** [rimáːrk]	を述べる (意見・感想など)	言う 图意見
☐ **comment** [kɔ́ment]	を論評する	意見を述べる 图意見
☐ **argue** [áːrgju:]	を論じる	を議論する の説得をする

夫の浮気

妻は挙動不審の夫を **doubt** する

妻は夫が浮気していないかと **worry** する

妻は興信所に調査を **request** する

調査の報告で相手を **identify** する

浮気を知った妻は夫に **question** する

夫は妻の怒りを **fear** する

あれこれと **lie** する

言い訳をして自分の無実を **insist** する

妻は証拠の写真を見せて **shout** する

口汚く夫を **damn** する

夫を激しく **blame** する

夫は「もう二度と浮気はしない」と **promise** する

土下座して許しを **beg** する

落胆した妻は夫と **divorce** する

23

doubt [daut]	を疑う	名 疑い
worry [wə́:ri]	心配する	悩む / を悩ませる
request [rikwést]	を依頼する	を要請する / 名 要請
identify [aidéntəfài]	を確認する(の正体)	を見分ける
question [kwéstʃən]	に質問する	名 質問 / 名 問題
fear [fiər]	を恐れる	名 恐れ / 名 恐怖
lie [lai]	嘘をつく	名 嘘
insist [insíst]	主張する	
shout [ʃaut]	叫ぶ	名 叫び
damn [dæm]	をののしる	ちくしょう (間投詞的)
blame [bleim]	を非難する	をとがめる / 名 責め
promise [prámis]	の約束をする	名 約束 / 名 将来の見込み
beg [beg]	を請う(許し)	物乞いをする / を恵んでくれと頼む
divorce [divɔ́:rs]	と離婚する	名 離婚

様々な職業

ウエートレスは店に来たお客に **serve**(サーヴ) する

ダンサーは生徒にダンスを **instruct**(インストゥラクト) する

モデルは画家の前で **pose**(ポウズ) する

アーチストは偉大なる芸術を **create**(クリエイト) する

大工は木を二つに **saw**(ソー) する

消防士は日頃から消火活動を **train**(トゥレイン) する

牧師は教会で新婚夫婦を **bless**(ブレス) する

私立探偵は個人の秘密を **investigate**(インヴェスティゲイト) する

裁判官は裁判所で殺人犯を **judge**(チャッヂ) する

検察官は不正融資をした頭取を **accuse**(アキューズ) する

首相は功労者に総理大臣賞を **award**(アウォード) する

旅行代理店は顧客に代わってホテルを **book**(ブック) する

金融業者はサラリーマンにお金を **lend**(レンド) する

農場主は実った作物を **harvest**(ハーヴェスト) する

24

☐ **serve** [sə:rv]	に給仕する	に給仕する の役に立つ
☐ **instruct** [instrʌ́kt]	を教える	
☐ **pose** [pouz]	姿勢をとる	にポーズをとらせる 名ポーズ
☐ **create** [kriéit]	を創造する	をつくりだす
☐ **saw** [sɔː]	をのこぎりで切る	
☐ **train** [trein]	を訓練する	名列車
☐ **bless** [bles]	を祝福する	
☐ **investigate** [invéstəgèit]	を調査する	
☐ **judge** [dʒʌdʒ]	を裁く	名裁判官 を判断する
☐ **accuse** [əkjúːz]	を告訴する	を責める を非難する
☐ **award** [əwɔ́:rd]	を授与する	名賞
☐ **book** [buk]	を予約する	を記入する 名本
☐ **lend** [lend]	を貸す	
☐ **harvest** [háːrvist]	を収穫する	名収穫

様々な男性

背の高い男性はスーツが体型に **suit** する

定年を迎えた男性は会社を **retire** する

スポーツする男性はある団体に **belong** する

尋問を受ける男性はやむなく犯行を **hint** する

愛想のいい男性は人の頼みを **undertake** する

便秘の男性はようやく大便が出て **refresh** する

窓際族の男性はついに転職を **decide** する

年老いた男性は懐かしい昔を **remember** する

市民運動家の男性はダム建設計画に **object** する

優柔不断な男性はどんな意見にもすぐに **agree** する

不倫を続ける男性は奥さんを **distress** する

元気のない男性はなんだか病気のように **seem** する

いやいや婚約した男性はその婚約を **dissolve** する

二枚目な男性は浮気をする傾向が **tend** する

25

□ **suit** [s(j)úːt]	に似合う	に適する 名背広上下
□ **retire** [ritáiər]	退職する	
□ **belong** [bilɔ́(ː)ŋ]	に所属する	のものである
□ **hint** [hint]	をほのめかす	名ヒント 名簡単な手引き
□ **undertake** [ʌ̀ndərtéik]	を引き受ける	を企てる に着手する
□ **refresh** [rifréʃ]	気分をさわやかにする	を元気づける
□ **decide** [disáid]	を決める	決心する 決定する
□ **remember** [rimémbər]	を思い出す	を覚えている
□ **object** [əbdʒékt]	反対する	名物・目的（アブデェクト）
□ **agree** [əgríː]	賛成する	一致する(意見が) に合致する
□ **distress** [distrés]	を苦しめる	名苦悩 名悩み
□ **seem** [siːm]	のように見える	のように思われる
□ **dissolve** [dizálv]	を解消する(契約など)	を消滅させる 溶ける
□ **tend** [tend]	する傾向がある	しがちである

人間関係

友人は失恋した友達を **comfort** する
（カンファト）

ドククーは健康管理で患者に **advise** する
（アドゥヴァイズ）

ボランティアは多くの市民に **impress** する
（インプレス）

回答者は質問の意味を **mistake** する
（ミステイク）

労働者は社長に賃上げを **demand** する
（ディマンド）

外国人は親切な日本人に **favor** する
（フェイヴァ）

妻は夫の浮気を激しく **condemn** する
（コンデム）

美人は男性の心を **charm** する
（チャーム）

通行人は足を踏んだ人を **excuse** する
（イクスキューズ）

被害者は加害者の罪を **forgive** する
（フォギヴ）

店長はお菓子を盗んだ子供を **pardon** する
（パードゥン）

父親は娘の結婚を **allow** する
（アラウ）

上司は部下の能力を **rate** する
（レイト）

人事部長は年俸制で社員を **value** する
（ヴァリュ(ー)）

26

☐ **comfort** [kʌ́mfərt]	を慰める	名快適さ
☐ **advise** [ədváiz]	に忠告する	に助言する
☐ **impress** [imprés]	に感銘を与える	に印象を与える
☐ **mistake** [mistéik]	を誤解する	を間違える
☐ **demand** [dimǽnd]	を要求する	名要求 名需要
☐ **favor** [féivər]	に好意を示す	名好意 名親切な行い
☐ **condemn** [kəndém]	を責める	をとがめる を有罪判決とする
☐ **charm** [tʃɑːrm]	を魅了する	名魅力
☐ **excuse** [ikskjúːz]	を許す	名言い訳 (イクスキューズ)
☐ **forgive** [fərgív]	を許す	
☐ **pardon** [páːrdn]	を許す(容赦する)	名許すこと
☐ **allow** [əláu]	を許す(相手の意向)	
☐ **rate** [réit]	を評価する	名割合 名料金
☐ **value** [vǽlju(ː)]	を評価する(金銭的な)	名価値

女の心

A子は友人の離婚を **pity** する

B子は不倫をした婚約者を **hate** する

C子は過去の援助交際を **conceal** する

D子は愛情のないセックスを **dislike** する

E子は燃えるような恋愛を **wish** する

F子は好きな彼氏の視線を **feel** する

G子は彼は私に気があると **suppose** する

H子は一郎より太郎のほうを **prefer** する

I子は彼の愛は本物だろうかと **wonder** する

J子は気の進まないお見合いに **attend** する

K子は彼と結婚しようと **intend** する

L子は彼との結婚をようやく **resolve** する

M子は男性との結婚運を **lack** する

N子は友人の結婚に **oppose** する

27

☐ **pity** [píti]	をかわいそうに思う	名哀れみ 名残念なこと
☐ **hate** [heit]	を憎む	名憎しみ
☐ **conceal** [kənsíːl]	を隠す	を秘密にする
☐ **dislike** [disláik]	を嫌う	名嫌い
☐ **wish** [wiʃ]	を望む	を祈る 名願い
☐ **feel** [fiːl]	を感じる	と感じる 名手触り
☐ **suppose** [səpóuz]	と思う	もし~ならば ~したらどうだろう
☐ **prefer** [prifə́ːr]	のほうを好む	
☐ **wonder** [wʌ́ndər]	だろうかと思う	に驚く 名驚き
☐ **attend** [əténd]	に出席する	の世話をする に専心する
☐ **intend** [inténd]	しようと思う	
☐ **resolve** [rizálv]	決心する	を解決する を分解する
☐ **lack** [læk]	を欠く	名不足
☐ **oppose** [əpóuz]	に反対する	

人生

A氏は自分の将来の成功した姿を **imagine** する

そのために仕事を必死に **strive** する

果敢に **act** する

また自分の信念を **persist** する

しかし人生には様々な問題が **arise** する

大切なチャンスを **miss** する

感情のもつれで人と **quarrel** する

仕事の失敗で人に **trouble** する

いろいろなことで自分を **bother** する

精神的に落ち込み **suffer** する

人の援助を心から **expect** する

差しのべられた人の援助に **rely** する

A氏は人の助けを **appreciate** する

しみじみと人の親切を肌で **sense** する

28

☐ **imagine** [imǽdʒin]	を想像する	
☐ **strive** [straiv]	努力する(を得ようと)	励む
☐ **act** [ækt]	行動する	を演じる 名行為
☐ **persist** [pərsíst]	を固く守る	
☐ **arise** [əráiz]	生じる	発生する
☐ **miss** [mis]	を逃す	～しそこなう がなくて寂しく思う
☐ **quarrel** [kwɔ́(:)rəl]	喧嘩をする	口論する 名喧嘩
☐ **trouble** [trʌ́bl]	に迷惑をかける	名心配 名困難
☐ **bother** [bɑ́ðər]	を悩ます	困らせる うるさくせがむ
☐ **suffer** [sʌ́fər]	苦しむ	悩む を受ける(苦痛・損害など)
☐ **expect** [ikspékt]	を期待する	を予期する
☐ **rely** [rilái]	頼る	あてにする
☐ **appreciate** [əprí:ʃièit]	をありがたいと思う	を正しく認識する
☐ **sense** [sens]	を感じとる	名分別 名感覚

させる

やすらいだ音楽で心を **relax** させる

奇想天外な魔術で観客を **entertain** させる

ジョークの連発で相手を **amuse** させる

思いがけないプレゼントで恋人を **please** させる

スカイダイビングでダイバーを **thrill** させる

電車の遅れで乗客を **irritate** させる

事故の知らせで家族を **alarm** させる

情報の混乱で市民を **confuse** させる

難解な問題で受験生を **puzzle** させる

不合格の通知で学生を **frustrate** させる

先生の怒声でうるさい生徒を **hush** させる

完全無視で同僚を **isolate** させる

懐かしい写真で老人に昔を **remind** させる

激しい地震で住民を **scare** させる

29

☐ **relax** [riléks]	をくつろがせる	をゆるめる（力など）
☐ **entertain** [èntərtéin]	を楽しませる	
☐ **amuse** [əmjúːz]	を面白がらせる	
☐ **please** [pliːz]	を喜ばせる	を好む
☐ **thrill** [θril]	をぞくぞくさせる	图スリル
☐ **irritate** [írətèit]	をいらいらさせる	を怒らせる
☐ **alarm** [əláːrm]	を不安がらせる	图警報 图目覚まし時計
☐ **confuse** [kənfjúːz]	を困惑させる	を混同する
☐ **puzzle** [pʌ́zl]	を悩ませる	を困らせる 图難問
☐ **frustrate** [frʌ́streit]	を挫折させる	の裏をかく を欲求不満にする
☐ **hush** [hʌʃ]	を黙らせる	黙る 静かになる
☐ **isolate** [áisəlèit]	を孤立させる	を離す を隔離する
☐ **remind** [rimáind]	を思い出させる	に気づかせる
☐ **scare** [skɛər]	を怖がらせる	をおびえさせる 图恐れ

会社

会社は社員を新たに **hire** する

社員を営業の仕事に **engage** させる

株を発行し資金を **gain** する

取引先と部品の購入を **contract** する

原料を海外から **import** する

生産した製品を海外に **export** する

商品の輸出を貿易会社に **commit** する

順調な売り上げで利益を **profit** する

事業を大きく **expand** する

大きくなった会社を二つに **divide** する

惜しみなく資金を **spend** する

社員の給料を **raise** する

賃上げで固定費が **cost** する

やむなく社員の一部を **fire** する

30

☐ **hire** [háiər]	を雇う	
☐ **engage** [ingéidʒ]	を従事させる	にたずさわる を取る(時間・精力など)
☐ **gain** [gein]	を得る	を増す(重量など) 進む(時計が)
☐ **contract** [kάntrækt]	を契約する	名契約 名契約書
☐ **import** [impɔ́ːrt]	を輸入する	名輸入 (インポート)
☐ **export** [ekspɔ́ːrt]	を輸出する	名輸出 (エクスポート)
☐ **commit** [kəmít]	を委託する	を犯す (罪・過失など)
☐ **profit** [prάfit]	利益を得る	名得 名利益
☐ **expand** [ikspǽnd]	を広げる	広がる を拡張する
☐ **divide** [diváid]	を分割する	を分ける を分配する
☐ **spend** [spend]	を使う(お金)	を過ごす(時) を使い果たす(力など)
☐ **raise** [reiz]	を上げる	を飼う 名昇給
☐ **cost** [kɔ(ː)st]	がかかる(費用・金)	を犠牲にさせる 名費用
☐ **fire** [fáiər]	を解雇する	を発射する(銃など) 名火

製品開発

企業は新製品の開発を **attempt** する

他社の製品を **imitate** する

そしてその技術を **absorb** する

研究をさらに **continue** する

繰り返し **experiment** する

実験は絶えず **fail** する

執念を持って研究を **proceed** する

あらゆる障害を **overcome** する

ついに画期的な技術を **invent** する

その技術を使った製品を **develop** する

実用化に向けてその製品の性能を **improve** する

資本を投入し新しい工場を **construct** する

その工場で新製品を **produce** する

その製品を世界の市場に **supply** する

31

attempt [ətém(p)t]	を試みる	をくわだてる 名試み
imitate [ímətèit]	を真似る	
absorb [əbsɔ́ːrb]	を吸収する	を併合する を夢中にさせる
continue [kəntínjuː]	を続ける	続く
experiment [ikspérəmènt]	実験する	名実験
fail [feil]	失敗する	に落第する
proceed [prəsíːd]	続行する	進む
overcome [òuvərkʌ́m]	を乗り越える（困難など）	に打ち勝つ を打ち負かす
invent [invént]	を発明する	を創案する をでっちあげる
develop [divéləp]	を開発する	発達する を発達させる
improve [imprúːv]	を改良する	よくなる を改善する
construct [kənstrʌ́kt]	を建設する	を組み立てる
produce [prəd(j)úːs]	を生産する	名農産物（プラデュース）
supply [səplái]	を供給する	名供給 名たくわえ

移民

多くの貧しい住民は移民を **hope** する

移民の希望者はA国の大使館に **crowd** する

そしてそこで移住を **apply** する

A国は彼らの移住を **accept** する

許可証を **issue** する

彼らは移住の許可証を **receive** する

移送船は移住者を **transport** する

彼らは自分の生まれ故郷を **abandon** する

船は憧れのA国に **reach** する

彼らはその国に **immigrate** する

彼らは仕事を **find** する

そしてそこに **settle** する

彼らはその国の環境に **adjust** する

未婚の男女はその国の人々と **marry** する

32

☐ **hope** [houp]	を希望する	名希望 名見込み
☐ **crowd** [kraud]	に群がる	名群衆
☐ **apply** [əplái]	申し込む	を応用する
☐ **accept** [əksépt]	を受け入れる	を受諾する を受け取る
☐ **issue** [íʃu:]	を発行する	を出す(命令など) 名問題
☐ **receive** [risí:v]	を受け取る	を迎える
☐ **transport** [trænspɔ́:rt]	を輸送する	名輸送 (トランスポート)
☐ **abandon** [əbǽndən]	を捨てる	を見捨てる をやめる(計画・習慣など)
☐ **reach** [ri:tʃ]	に到着する	に届く 名伸ばすこと
☐ **immigrate** [íməgrèit]	移住する	を移住させる (外国人)
☐ **find** [faind]	を見つける	とわかる を見つけ出す
☐ **settle** [sétl]	定住する	を安定させる を解決する
☐ **adjust** [ədʒʌ́st]	順応する	を調節する
☐ **marry** [mǽri]	と結婚する	を結婚させる (牧師が)

政治家

選挙民はA氏に票を **cast** する

A氏を知事に **elect** する

A氏は市民に選挙の公約を **swear** する

しかしA氏は法律を **violate** する

賭博でお金を **bet** する

そして多くのお金を **obtain** する

テレビ局はその事実を **expose** する

テレビでその内容を **broadcast** する

そのニュースは市民を **surprise** させる

また政界に **shock** する

A氏は言葉たくみに自己を **justify** する

つきまとう取材陣はA氏を **offend** する

A氏は執拗な取材を **disregard** する

しかし窮地に陥り知事を **quit** する

33

☐ **cast** [kæst]	を投じる	名 出演者
☐ **elect** [ilékt]	を選ぶ	に選出する
☐ **swear** [swɛər]	を誓う	
☐ **violate** [váiəlèit]	を破る(規則・協定など)	を侵害する を犯す(女性)
☐ **bet** [bet]	を賭ける	名 賭け
☐ **obtain** [əbtéin]	を獲得する	を手に入れる を達成する
☐ **expose** [ikspóuz]	を暴露する	をあばく にさらす
☐ **broadcast** [brɔ́:dkæst]	を放送する	名 放送番組
☐ **surprise** [sərpráiz]	を驚かせる	名 驚き
☐ **shock** [ʃɑk]	に衝撃を与える	名 衝撃
☐ **justify** [dʒʎstəfài]	を正当化する	を正しいとする (行為・主張など)
☐ **offend** [əfénd]	を不快にする	罪を犯す の感情を害する
☐ **disregard** [dìsrigá:rd]	を無視する	軽視する 名 無視
☐ **quit** [kwit]	をやめる(仕事など)	辞職する

ひき逃げ

巡査はひき逃げを **witness**(ウィトゥネス) する

無線で至急警察本部に **contact**(カンタクト) する

そして車のナンバーと場所を **communicate**(コミューニケイト) する

パトカーは警察本部から現場に **hurry**(ハ～リィ) する

パトカーはひき逃げの車を **chase**(チェイス) する

パトカーは逃走車のあとに **follow**(ファロウ) する

パトカーは逃走車に **approach**(アプロウチ) する

そしてドライバーに **warn**(ウォーン) する

他のパトカーは先まわりして道路を **block**(ブラック) する

ドライバーは車をキューツと **brake**(ブレイク) する

警官はついに逃走犯を **capture**(キャプチャ) する

警官は現行犯で男を **arrest**(アレスト) する

裁判所は公正な裁判で逃走犯を **punish**(パニシ) する

多額な金額をその男に **fine**(ファイン) する

34

☐ **witness** [wítnis]	を目撃する	名 目撃者
☐ **contact** [kántækt]	に連絡をつける	名 接触 名 連絡
☐ **communicate** [kəmjú:nəkèit]	を知らせる	通信する
☐ **hurry** [hə́:ri]	急ぐ	をせきたてる(人) 名 急ぎ
☐ **chase** [tʃeis]	を追いかける	名 追跡
☐ **follow** [fálou]	についていく	を進んでいく を理解する
☐ **approach** [əpróutʃ]	に近づく	に取りかかる (問題など)
☐ **warn** [wɔ:rn]	に警告する	予告する
☐ **block** [blɑk]	をふさぐ	を妨害する 名 かたまり
☐ **brake** [breik]	にブレーキをかける	名 ブレーキ
☐ **capture** [kǽptʃər]	を捕らえる	
☐ **arrest** [ərést]	を逮捕する	名 逮捕
☐ **punish** [pʌ́niʃ]	を罰する(人・悪事など)	
☐ **fine** [fain]	に罰金を科す	名 罰金

刑事

刑事は偶然事件に **encounter**(エンカウンタァ) する

犯人はすでに **disappear**(ディサピアァ) する

死体が地面に **lie**(ライ) する

刑事は死体の状態を **observe**(オブザ〜ヴ) する

犯行現場から、凶器を **discover**(ディスカヴァ) する

刑事はしばらく現場に **remain**(リメイン) する

腕を組み事件をよく **consider**(コンスィダァ) する

犯行の手口から事件を **associate**(アソウシエイト) する

ふと昔のある事件を **recall**(リコール) する

今回の事件と昔の事件を **relate**(リレイト) する

犯行の手口が **correspond**(コ(ー)レスパンド) する

考えをめぐらし犯人像を **guess**(ゲス) する

そしてある男を **suspect**(サスペクト) する

その男が犯人であることを **realize**(リ(ー)アライズ) する

35

□**encounter** [inkáuntər]	に出くわす	に出会う(偶然) にあう(困難・危険など)
□**disappear** [dìsəpíər]	姿を消す	なくなる 見えなくなる
□**lie** [lai]	横たわる	横になる 位置する
□**observe** [əbzə́:rv]	を観察する	に気づく を守る
□**discover** [diskʌ́vər]	を発見する	
□**remain** [riméin]	居残る	残る(物が) のままでいる
□**consider** [kənsídər]	をよく考える	
□**associate** [əsóuʃièit]	を連想する	付き合う に関連させる
□**recall** [rikɔ́:l]	を思い出す	を思い出させる 名召還
□**relate** [riléit]	を関係づける	関係がある と親戚である
□**correspond** [kɔ̀(:)rəspánd]	一致する	文通する に相当する
□**guess** [ges]	を推測する	と思う 名推測
□**suspect** [səspékt]	に疑いをかける	名容疑者(サスペクト)
□**realize** [rí(:)əlàiz]	を悟る	を実現させる

犯罪

ヤクザは善良な市民を **threaten**(スレトゥン) する

人の心を **upset**(アプセット) させる

詐欺師は無知な老人を **trick**(トゥリック) する

大切な財産を **steal**(スティール) する

不良は棍棒で人の頭を **strike**(ストゥライク) する

相手は頭から血を **shed**(シェッド) する

身勝手な母親は我が子を **abuse**(アビューズ) する

全身を **injure**(インヂァ) する

テロリストは国連のビルを **blast**(ブラスト) する

多くの人々を **wound**(ウーンド) する

恨みを持った女は飲み物に **poison**(ポイズン) する

憎い相手を **kill**(キル) する

殺し屋は銃を **shoot**(シュート) する

命乞いをする男を **murder**(マ〜ダァ) する

36

☐ **threaten** [θrétn]	を脅迫する	を脅かす
☐ **upset** [ʌpsét]	を狼狽させる	をひっくり返す 名番狂わせ
☐ **trick** [trik]	をだます	名計略 名手品
☐ **steal** [sti:l]	を盗む	盗みをする 名盗み
☐ **strike** [straik]	を打つ	衝突する に当たる
☐ **shed** [ʃed]	を流す（血・涙など）	をこぼす
☐ **abuse** [əbjú:z]	を虐待する	を乱用する を口汚くののしる
☐ **injure** [índʒər]	を傷つける	を害する（感情など）
☐ **blast** [blæst]	を爆破する	名爆破 名突風
☐ **wound** [wu:nd]	を傷つける	名傷
☐ **poison** [pɔ́izn]	に毒を入れる	を毒殺する 名毒
☐ **kill** [kil]	を殺す	をつぶす（時間） を否決する（議案など）
☐ **shoot** [ʃu:t]	を撃つ	射撃する を撮影する
☐ **murder** [mə́:rdər]	を殺す	名殺人

強制労働

冷血な国王は国の民衆を **rule**(ルール) する

国王は国中の男たちを **call**(コール) する

彼らに過酷な労働を **force**(フォース) させる

夫を奪われた妻は **grieve**(グリーヴ) する

国王はいやがる男たちに重労働を **order**(オーダァ) する

ムチを手に過酷な労働を **command**(コマンド) する

男たちは国王の命令に **obey**(オベイ) し

苦しい労働を **tolerate**(タレレイト) する

しかし過酷な労働は彼らを **exhaust**(イグゾースト) させる

容赦のないムチは彼らを **harm**(ハーム) する

その苦しさで「ウウウッ」と **groan**(グロウン) する

彼らの体力は次第に **decline**(ディクライン) する

男たちは国王に労働の軽減を **appeal**(アピール) する

しかし国王はその願いを **refuse**(リフューズ) する

37

☐ **rule** [ru:l]	を支配する	名規則 名支配
☐ **call** [kɔ:l]	を呼び寄せる	に電話をかける
☐ **force** [fɔ:rs]	に無理やり〜させる	名力 名暴力
☐ **grieve** [gri:v]	悲しむ	を悲しませる
☐ **order** [ɔ́:rdər]	を命じる	名命令 名順序
☐ **command** [kəmǽnd]	を命じる	名命令 名指揮
☐ **obey** [əbéi]	に従う(命令など)	に服従する
☐ **tolerate** [tάlərèit]	を我慢する	を耐える を大目に見る
☐ **exhaust** [igzɔ́:st]	を疲れ果てさせる	を使い果たす(金・食料など) 名排気ガス
☐ **harm** [hɑ:rm]	を傷つける	を害する 名害
☐ **groan** [groun]	うめく	うなる 名うめき声
☐ **decline** [dikláin]	衰える	を断る(申し出など) 名衰え
☐ **appeal** [əpí:l]	を求める	名訴え 名控訴
☐ **refuse** [rifjú:z]	を拒絶する	を断る

戦争

A国とB国が利害関係で **collide**(コライド) する

A国はついにB国に **invade**(インヴェイド) する

容赦なくB国を **attack**(アタック) する

敵の基地を **surround**(サラウンド) する

徹底した攻撃で敵陣に **damage**(ダメヂ) する

A国の軍隊は果敢に **advance**(アドゥヴァンス) する

そして敵の軍隊を **defeat**(ディフィート) する

次々に敵の基地を **ruin**(ルーイン) する

そしてその領地を **occupy**(アキュパイ) する

B国の軍隊は **defend**(ディフェンド) する

しかし後方に **retreat**(リトゥリート) する

A国はついにB国を **conquer**(カンカァ) する

A国は戦争に **win**(ウィン) する

そしてB国を **control**(コントゥロウル) する

38

collide [kəláid]	激しく衝突する	ぶつかる 一致しない(意見などが)
invade [invéid]	に侵入する	押し寄せる を侵略する
attack [ətǽk]	を攻撃する	を非難する 名攻撃
surround [səráund]	を取り巻く	を囲む
damage [dǽmidʒ]	に損害を与える	名損害
advance [ədvǽns]	前進する	進歩する 名進むこと
defeat [difí:t]	を負かす	名敗北
ruin [rú:in]	を破滅させる	名破滅 名滅亡
occupy [ákjupài]	を占領する	を占める
defend [difénd]	を防衛する	を守る を弁護する
retreat [ritrí:t]	退却する(軍隊などが)	後退する 名退却
conquer [káŋkər]	を征服する	勝利を得る に打ち勝つ
win [win]	に勝つ	を獲縛する 名勝ち
control [kəntróul]	を支配する	を抑える(感情など) 名支配

基礎名詞英単語
728

地理

太陽を公転する **the earth**

人間の住む **the globe**

地球最北端の **the North Pole**

地球最南端の **the South Pole**

地球を南北に分ける **the equator**

広大な陸地の **the continent**

突き出した陸地の **peninsula**

海に浮かぶ **island**

陸地最先端の **cape**

沿岸に切り立つ **cliff**

山が連なる **mountain range**

火を噴く山の **volcano**

岩場にできた空洞の **cave**

アシの生い茂る **swamp**

39

□ **the earth** [ði ə:rθ]	地球 (惑星の一つとして)	
□ **the globe** [ðə gloub]	地球	
□ **the North Pole** [ðə nɔ:rθ poul]	北極	
□ **the South Pole** [ðə sauθ poul]	南極	
□ **the equator** [ði i(:)kwéitər]	赤道	
□ **the continent** [ðə kántinənt]	大陸	
□ **peninsula** [pinínsələ]	半島	
□ **island** [áilənd]	島	
□ **cape** [keip]	岬	
□ **cliff** [klif]	絶壁	崖
□ **mountain range** [máuntin reindʒ]	山脈	
□ **volcano** [vɑlkéinou]	火山	
□ **cave** [keiv]	洞窟	
□ **swamp** [swɑmp]	沼	動を水びたしにする

海

アメリカとアジアをつなぐ **the Pacific Ocean**
_{ザ パスィフィク オウシャン}

アメリカとヨーロッパをつなぐ **the Atlantic Ocean**
_{ズィ アトゥランティク オウシャン}

海を満たす **seawater**
_{スィーウォータァ}

陸地にはさまれた **channel**
_{チャヌル}

海が陸地に入り込んだ **gulf**
_{ガルフ}

小さな湾の **bay**
_{ベイ}

海に面する陸地の **shore**
_{ショー(ァ)}

波が打ち寄せる **coast**
_{コウスト}

浅瀬が続く **sandy beach**
_{サンディビーチ}

船が停泊する **harbor**
_{ハーバァ}

貨物船が出入りする **port**
_{ポート}

陸地に水がたまった **lake**
_{レイク}

庭で鯉が泳ぐ **pond**
_{パンド}

川の氾濫を防ぐ **bank**
_{バンク}

40

☐ **the Pacific Ocean** [ðə pəsífik óuʃən]	太平洋	
☐ **the Atlantic Ocean** [ði ətlǽntik óuʃən]	大西洋	
☐ **seawater** [síːwɔ̀ːtər]	海水	
☐ **channel** [tʃǽnl]	海峡	水路 チャンネル
☐ **gulf** [gʌlf]	湾	越えがたい障壁
☐ **bay** [bei]	入り江	湾
☐ **shore** [ʃɔːr]	海岸	岸
☐ **coast** [koust]	沿岸	
☐ **sandy beach** [sǽndi biːtʃ]	砂浜	
☐ **harbor** [háːrbər]	港	避難所 動をかくまう(人)
☐ **port** [pɔːrt]	港(おもに商業港)	
☐ **lake** [leik]	湖	
☐ **pond** [pɑnd]	池	
☐ **bank** [bæŋk]	堤防	土手 岸(川・湖などの)

天気①

季節によって変化する **climate**〔クライメト〕

今日一日の **weather**〔ウェザァ〕

テレビで放映する **the weather forecast**〔ザ ウェザァ フォーキャスト〕

画面に映し出される **weather map**〔ウェザァ マップ〕

天気情報を報道する **weatherman**〔ウェザマン〕

空気中の温度を示す **temperature**〔テンペラチ(ュ)ア〕

空気の乾燥度合を示す **humidity**〔ヒュ(ー)ミディティ〕

空模様の悪い **bad weather**〔バッド ウェザァ〕

雨模様の **wet weather**〔ウェット ウェザァ〕

道路の視界をふさぐ **fog**〔フォ(ー)グ〕

寒い早朝に地面をおおう **frost**〔フロ(ー)スト〕

冬の軒下にできる **icicle**〔アイスイクル〕

空に浮かぶ七色の **rainbow**〔レインボウ〕

日が沈む夕方の **the glow of the sunset**〔ザ グロウ アヴ ザ サンセト〕

41

☐ **climate** [kláimət]	気候	
☐ **weather** [wéðər]	天気	
☐ **the weather forecast** [ðə wéðər fɔ́:rkæst]	天気予報	
☐ **weather map** [wéðər mæp]	天気図	
☐ **weatherman** [wéðərmæn]	天気予報官	
☐ **temperature** [témp(ə)rətʃ(u)ər]	気温	温度 体温
☐ **humidity** [hju(:)mídəti]	湿度	湿気
☐ **bad weather** [bæd wéðər]	悪天候	
☐ **wet weather** [wét wéðər]	雨天	
☐ **fog** [fɔ(:)g]	霧	
☐ **frost** [frɔ(:)st]	霜	
☐ **icicle** [áisikl]	つらら	
☐ **rainbow** [réinbòu]	虹	
☐ **the glow of the sunset** [ðə glou ɑv ðə sʌ́nsèt]	夕焼け	

天気 ②

ビュービューと吹く **wind** (ウィンド)

そよそよと吹く **breeze** (ブリーズ)

突然降り出す夏の **shower** (シャウア)

ピカッと光る **lightning** (ライトゥニング)

ドカーンと落ちる **thunder** (サンダァ)

ザーザー降る **downpour** (ダウンポー(ァ))

雨が吹き荒れる **storm** (ストーム)

川の水が氾濫する **flood** (フラッド)

雪が吹き荒れる **snowstorm** (スノウストーム)

雪山が崩れる **snowslide** (スノウスライド)

太陽がギラギラ照りつける **dry weather** (ドゥライ ウェザァ)

雨が一滴も降らない **drought** (ドゥラウト)

暴風が吹き荒れる **typhoon** (タイフーン)

渦を巻いて巻き上げる **tornado** (トーネイドウ)

42

☐ **wind** [wind]	風	息 (**one's**をつけて)
☐ **breeze** [briːz]	そよ風	微風
☐ **shower** [ʃáuər]	にわか雨	夕立ち シャワー
☐ **lightning** [láitniŋ]	稲妻	
☐ **thunder** [θʌ́ndər]	雷	動雷が鳴る
☐ **downpour** [dáunpɔ̀ːr]	どしゃ降り	
☐ **storm** [stɔːrm]	嵐	動嵐が吹く
☐ **flood** [flʌd]	洪水	動にあふれる 動を氾濫させる
☐ **snowstorm** [snóustɔ̀ːrm]	ふぶき	
☐ **snowslide** [snóuslàid]	なだれ	
☐ **dry weather** [drái wéðər]	日照り	
☐ **drought** [draut]	干ばつ	日照り続き
☐ **typhoon** [taifúːn]	台風	
☐ **tornado** [tɔːrnéidou]	竜巻	

日時

今より昔の **the past**

今現在の **the present**

これから先の **the future**

明日の次の日の **the day after tomorrow**

来週の次の週の **the week after next**

来月の次の月の **the month after next**

来年の次の年の **the year after next**

昨日の前の日の **the day before yesterday**

去年の前の年の **the year before last**

しばらく前の **the other day**

一日前の日の **the day before**

年の最後の日の **the end of the year**

新しい年の **new year**

4年に一度やってくる **leap year**

the past [ðə pæst]	過去
the present [ðə préznt]	現在
the future [ðə fjú:tʃər]	未来
the day after tomorrow [ðə dei æftər təmárou]	明後日
the week after next [ðə wi:k æftər nekst]	再来週
the month after next [ðə mʌnθ æftər nekst]	再来月
the year after next [ði jiər æftər nekst]	再来年
the day before yesterday [ðə dei bifɔ́:r jéstərdi]	一昨日
the year before last [ði jiər bifɔ́:r læst]	一昨年
the other day [ði ʌ́ðər dei]	先日
the day before [ðə dei bifɔ́:r]	前日
the end of the year [ði end ɑv ði jiər]	年末
new year [n(j)ú: jiər]	新年
leap year [li:p jiər]	うるう年

空港

海外に行って楽しむ **travel** (トゥラヴ(ェ)ル)

気軽にする **trip** (トゥリップ)

飛行機の座席を確保する **reservation** (レザヴェイション)

事前に行う予約の **confirmation** (カンファメイション)

飛行機が発着する **airport** (エアポート)

飛行機の出発時刻を示す **timetable** (タイムテイブル)

ロサンゼルスに発つ飛行機の **flight** (フライト)

飛行機に乗り込む **passenger** (パセンヂァ)

滑走路から飛び立つ飛行機の **takeoff** (テイクオ(ー)フ)

トイレ使用中表示の **OCCUPIED** (アキュパイド)

使用後の **VACANT** (ヴェイカント)

飛行機が滑走路に降りる **landing** (ランディング)

入国審査後に通過する **customs** (カスタムズ)

アメリカ国内に入る **entry** (エントゥリィ)

112

44

travel [trǽv(ə)l]	旅行	動 旅行をする
trip [trip]	旅行	動 つまずく
reservation [rèzərvéiʃən]	予約（座席・部屋などの）	保留
confirmation [kànfərméiʃən]	確認	
airport [ɛ́ərpɔ̀ːrt]	空港	
timetable [táimtèibl]	時刻表	予定表
flight [flait]	便	空の旅 / 飛ぶこと
passenger [pǽsəndʒər]	乗客	旅客
takeoff [téikɔ̀(ː)f]	離陸	
OCCUPIED [ákkjəpàid]	使用中	
VACANT [véikənt]	空き	
landing [lǽndiŋ]	着陸	
customs [kʌ́stəmz]	税関	
entry [éntri]	入国	参加者 / 入ること

乗り物

人を運搬する **vehicle**(ヴィーイクル)

切符を販売する駅の **ticket counter**(ティケトカウンタァ)

行って帰ってくる **round-trip ticket**(ラウンドゥトゥリップティケト)

片道だけの **one-way ticket**(ワンウェイティケト)

車内で切符を確認する **conductor**(コンダクタァ)

駅ごとに停車する **local train**(ロウカルトゥレイン)

超スピードの **limited express**(リミティドイクスプレス)

道路を走る **automobile**(オートモビール)

地下を走る **subway**(サブウェイ)

全米をつなぐバスの **long distance bus**(ロ(ー)ングディスタンスバス)

市内を走る **city bus**(スィティバス)

バスを待つ **bus stop**(バススタップ)

手をあげて止める **cab**(キャブ)

馬をつなげて乗る **carriage**(キャリヂ)

45

☐ **vehicle** [ví:(h)ikl]	乗り物	伝達手段
☐ **ticket counter** [tíkit káuntər]	切符売り場	
☐ **round-trip ticket** [ráundtríp tíkit]	往復切符	
☐ **one-way ticket** [wánwéi tíkit]	片道切符	
☐ **conductor** [kəndáktər]	車掌	案内者 指揮者
☐ **local train** [lóukəl trein]	普通列車	
☐ **limited express** [límitid iksprés]	特急	
☐ **automobile** [ɔ́:təməbì:l]	自動車	
☐ **subway** [sábwèi]	地下鉄	
☐ **long distance bus** [lɔŋ dístəns bʌs]	長距離バス	
☐ **city bus** [síti bʌs]	市内バス	
☐ **bus stop** [bʌs stɑp]	バス停留所	
☐ **cab** [kæb]	タクシー	
☐ **carriage** [kǽridʒ]	四輪馬車	運送

街道

全米に張りめぐらされた **freeway**（フリーウェイ）

都市の中心を走る **main street**（メイン ストゥリート）

並木通りの **boulevard**（ブールヴァード）

街の南北に走る **avenue**（アヴェニュー）

ビル街の裏を通る **alley**（アリィ）

公園の林の中を通る **path**（パス）

アスファルトで舗装された **paved road**（ペイヴド ロウド）

車道をラインで区切る **lane**（レイン）

歩行者が歩く **sidewalk**（サイドゥウォーク）

歩行者が横断する **pedestrian crossing**（ペデストゥリアン クロ(ー)スィング）

遮断機が下りる **railroad crossing**（レイルロウド クロ(ー)スィング）

道路が交差する **crossing**（クロ(ー)スィング）

交差点で点滅する **traffic light**（トゥラフィク ライト）

夜道を照らす **streetlight**（ストゥリートライト）

46

☐ **freeway** [fríːwèi]	高速道路	
☐ **main street** [mein striːt]	大通り	
☐ **boulevard** [búːləvàːrd]	大通り	
☐ **avenue** [ǽvən(j)ùː]	大通り	並木道 手段
☐ **alley** [ǽli]	裏通り	横道 路地
☐ **path** [pæθ]	小道	細道 通路
☐ **paved road** [peivd roud]	舗装道路	
☐ **lane** [lein]	車線	小道
☐ **sidewalk** [sáidwɔ̀ːk]	歩道	
☐ **pedestrian crossing** [pidéstriən krɔ́(ː)siŋ]	横断歩道	
☐ **railroad crossing** [réilròud krɔ́(ː)siŋ]	鉄道の踏切	
☐ **crossing** [krɔ́(ː)siŋ]	交差点	横断 十字路
☐ **traffic light** [trǽfik lait]	信号	
☐ **streetlight** [stríːtlait]	街灯	

街

人口が密集する **great city**
グレイト スィティ

都心の中でも、にぎやかな **downtown**
ダウンタウン

昼休みなどに集う **plaza**
プラザ

広場の中央に設置された **fountain**
ファウンテ(ィ)ン

都会から離れた **the suburbs**
ザ サバ～ブズ

住宅地に立ち並ぶ **housing**
ハウズィング

牛が放牧された **stock farm**
スタック ファーム

作物を収穫する **field**
フィールド

畑に立つ一本足の **scarecrow**
スケアクロウ

リンゴの木が植えられた **orchard**
オーチャド

ブドウの木が植えられた **vineyard**
ヴィニャード

小高い山が連なる **hill**
ヒル

木が生い茂った **forest**
フォ(ー)レスト

山あいの **valley**
ヴァリィ

47

☐ **great city** [greit síti]	大都会	
☐ **downtown** [dàuntáun]	繁華街	
☐ **plaza** [plǽzə]	広場(都市の)	
☐ **fountain** [fáunt(i)n]	噴水	
☐ **the suburbs** [ðə sʌ́bəːrbz]	郊外	郊外住宅地
☐ **housing** [háuziŋ]	住まい	家 住宅
☐ **stock farm** [stɑk fɑːrm]	牧場	
☐ **field** [fiːld]	畑	牧草地 競技場
☐ **scarecrow** [skéərkròu]	かかし	
☐ **orchard** [ɔ́ːrtʃərd]	果樹園	
☐ **vineyard** [vínjərd]	ブドウ園	
☐ **hill** [hil]	丘	坂
☐ **forest** [fɔ́(ː)rist]	森林	山林
☐ **valley** [vǽli]	谷	低地 谷間

場所

見渡すかぎり広がる **plain**（プレイン）

山に囲まれた **basin**（ベイスン）

砂地が広がる **desert**（デザート）

なだらかな山地の **highland**（ハイランド）

雪をかぶったアルプス先端の **summit**（サミット）

切り立った谷の **canyon**（キャニョン）

国と国が接する **border**（ボーダァ）

歴史的な建物が保存された **the sights**（ザ サイツ）

旅行で訪れる **tourist resort**（トゥ(ア)リスト リゾート）

暑さを避けて訪れる **summer resort**（サマ リゾート）

地下から湯が湧き上がる **hot spring**（ハット スプリング）

岩場から水が落下する **falls**（フォールズ）

目の前に広がる壮大な **landscape**（ラン(ドゥ)スケイプ）

カメラに収める美しい **scenery**（スィーネリィ）

48

☐ **plain** [plein]	平野	平原 形明白な
☐ **basin** [béisn]	盆地	水ばち 洗面器
☐ **desert** [dézərt]	砂漠	
☐ **highland** [háilənd]	高原	高地
☐ **summit** [sʌ́mit]	頂上	首脳会談
☐ **canyon** [kǽnjən]	峡谷	
☐ **border** [bɔ́ːrdər]	国境	境界 動に接する
☐ **the sights** [ðə saits]	名所	
☐ **tourist resort** [tú(ə)rist rizɔ́ːrt]	観光地	
☐ **summer resort** [sʌ́mər rizɔ́ːrt]	避暑地	
☐ **hot spring** [hɑt spriŋ]	温泉	
☐ **falls** [fɔːlz]	滝(複数形で)	
☐ **landscape** [lǽn(d)skèip]	風景(一目で見渡せる)	
☐ **scenery** [síːn(ə)ri]	風景	景色

家

人が出入りする家の **front door**
フラント ドー(ァ)

家の裏から出入りする **back door**
バック ドー(ァ)

蛍光灯がぶら下がる **ceiling**
スィーリング

居間に設置された **fireplace**
ファイアプレイス

洗面所で洗顔する **sink**
スィンク

浴室でお湯をためる **bathtub**
バスタブ

読書部屋としての **study**
スタディ

地下に設けられた **basement**
ベイスメント

地下に降りる **stairs**
ステアズ

子供部屋のある **the second floor**
ザ セカンド フロー(ァ)

プライベートな部屋の **bedroom**
ベドゥル(ー)ム

屋根の裏につくられた **attic**
アティク

雨をしのぐ **roof**
ルーフ

屋根から煙を出す **chimney**
チムニィ

49

☐ **front door** [frʌnt dɔːr]	玄関	
☐ **back door** [bæk dɔːr]	裏口	
☐ **ceiling** [síːliŋ]	天井	上限（価格・賃金などの）
☐ **fireplace** [fáiərplèis]	暖炉	
☐ **sink** [siŋk]	洗面台	動沈む 動を沈める
☐ **bathtub** [bǽθtʌ̀b]	浴槽	
☐ **study** [stʌ́di]	書斎	勉強 動を勉強する
☐ **basement** [béismənt]	地下室	地階
☐ **stairs** [stɛərz]	階段（通常、屋内の）	
☐ **the second floor** [ðə sékənd flɔːr]	二階	
☐ **bedroom** [bédrù(ː)m]	寝室	
☐ **attic** [ǽtik]	屋根裏部屋	
☐ **roof** [ruːf]	屋根	屋上 てっぺん
☐ **chimney** [tʃímni]	煙突	

不動産

不動産業者が扱う **estate**

売買される土地や建物の **real estate**

売りに出された **lot**

個人が所有する **private land**

住宅用の **housing land**

家が建っている **premises**

裕福な家庭が居住する **residence**

集合住宅の **town house**

鉄筋コンクリートで造られた **condominium**

移動可能なプレハブの **mobile home**

賃貸で居住する **apartment**

賃貸で住む一軒家の **rented house**

一階建て住宅の **one-story building**

二階建て住宅の **two-story building**

50

□ **estate** [istéit]	地所	土地 / 所有地
□ **real estate** [rí:(ə)l istéit]	不動産	
□ **lot** [lɑt]	土地(一区画の)	運命 / たくさん
□ **private land** [práivət lænd]	私有地	
□ **housing land** [háuziŋ lænd]	宅地	
□ **premises** [prémisiz]	建物のついている土地 (複数形で)	
□ **residence** [rézədəns]	邸宅	住宅
□ **town house** [taun haus]	タウンハウス (長屋のような住宅)	
□ **condominium** [kàndəmíniəm]	分譲マンション	
□ **mobile home** [móubəl houm]	モービルホーム (移動住宅)	
□ **apartment** [əpá:rtmənt]	アパート	
□ **rented house** [rentid háus]	借家	
□ **one-story building** [wʌnstɔ́:ri bíldiŋ]	平屋建て	
□ **two-story building** [tu:stɔ́:ri bíldiŋ]	二階建て	

建物

60階建ての **high-rise**(ハイライズ)

大理石で造られた **structure**(ストゥラクチァ)

ベルサイユに建てられた豪華な **palace**(パレス)

王様が建てた城壁のある **castle**(キャスル)

業績をたたえて造られた **monument**(マニュメント)

裁判を行う **court**(コート)

市の業務を行う **city hall**(スィティホール)

劇を公演する **theater**(スィアタァ)

買い物を楽しむ **department store**(ディパートゥメントストー(ァ))

お店が集合した **mall**(モール)

機械を製造する **factory**(ファクト(ゥ)リィ)

気軽に宿泊できる **inn**(イン)

避暑地に建てられた **cottage**(カテヂ)

丸太で造られた **cabin**(キャビン)

51

☐ **high-rise** [háiràiz]	高層ビル	
☐ **structure** [stráktʃər]	建造物	構造
☐ **palace** [pǽlis]	宮殿	
☐ **castle** [kǽsl]	城	
☐ **monument** [mánjumənt]	記念碑	史的記念物
☐ **court** [kɔːrt]	裁判所	法廷 動の好意を得ようとする
☐ **city hall** [síti hɔːl]	市役所	
☐ **theater** [θíːətər]	劇場	場面
☐ **department store** [dipáːrtmənt stɔːr]	百貨店	
☐ **mall** [mɔːl]	ショッピングセンター	遊歩道
☐ **factory** [fǽkt(ə)ri]	工場	製造所
☐ **inn** [in]	宿屋	
☐ **cottage** [kátidʒ]	別荘	小住宅
☐ **cabin** [kǽbin]	小屋	客室(飛行機の) キャビン(船の)

電化製品

日常生活に不可欠な **electrical appliance**
<small>イレクトゥリカル アプライアンス</small>

電化製品を販売する **electrical store**
<small>イレクトゥリカル ストー(ァ)</small>

食べ物を保存する **refrigerator**
<small>リフリヂェレイタァ</small>

チンして調理する **microwave oven**
<small>マイクロウェイヴ アヴン</small>

ご飯を炊く **electric rice cooker**
<small>イレクトゥリク ライス クッカァ</small>

冷暖房を調節する **air-conditioner**
<small>エア コンディショナァ</small>

風を起こして涼む **electric fan**
<small>イレクトゥリク ファン</small>

電気で暖をとる **electric heater**
<small>イレクトゥリク ヒータァ</small>

汚れた衣類を洗う **washing machine**
<small>ワシンヶマシーン</small>

床を掃除する **vacuum cleaner**
<small>ヴァキュ(ウ)ム クリーナァ</small>

ヒゲを剃る **electric shaver**
<small>イレクトゥリク シェイヴァ</small>

勉強机を照らす **desk lamp**
<small>デスク ランプ</small>

暗闇を照らす **flashlight**
<small>フラシライト</small>

電源をつなげる **outlet**
<small>アウトゥレト</small>

52

☐ **electrical appliance** [iléktrikəl əpláiəns]	電化製品	
☐ **electrical store** [iléktrikəl stɔːr]	電気器具店	
☐ **refrigerator** [rifrídʒərèitər]	冷蔵庫	
☐ **microwave oven** [máikrəwèiv ʌ́v(ə)n]	電子レンジ	
☐ **electric rice cooker** [iléktrik rais kúkər]	炊飯器	
☐ **air-conditioner** [ɛərkəndìʃ(ə)nər]	エアコン	
☐ **electric fan** [iléktrik fæn]	扇風機	
☐ **electric heater** [iléktrik híːtər]	電気ストーブ	
☐ **washing machine** [wʌ́ʃiŋ məʃíːn]	洗濯機	
☐ **vacuum cleaner** [vǽkju(ə)m klíːnər]	掃除機	
☐ **electric shaver** [iléktrik ʃéivər]	電気かみそり	
☐ **desk lamp** [desk læmp]	電気スタンド	
☐ **flashlight** [flǽʃlait]	懐中電灯	
☐ **outlet** [áutlèt]	コンセント	工場直売店

家具

家に備える **furniture**
(ファ〜ニチァ)

居間に据えられた **settee**
(セティー)

居間を照らす **floor lamp**
(フロー(ァ) ランプ)

洋服を納める **wardrobe**
(ウォードゥロウブ)

衣類を収納する **chest of drawers**
(チェスト アブ ドゥローァズ)

化粧をする鏡のついた **dresser**
(ドゥレサァ)

子供二人が上下に寝る **bunk bed**
(バンク ベッド)

寝るときにかける **blanket**
(ブランケト)

寝るときに頭の下に敷く **pillow**
(ピロウ)

赤ちゃんを揺すって寝かせる **cradle**
(クレイドゥル)

赤ちゃんにうんこをさせる **potty**
(パティ)

紙くずを捨てる **wastebasket**
(ウェイストゥバスケト)

ごみを捨てる **trash can**
(トゥラッシ キャン)

生ごみを捨てる **garbage can**
(ガーベヂ キャン)

130

53

☐ **furniture** [fə́:rnitʃər]	家具	
☐ **settee** [setí:]	ソファー（2〜3人用の）	
☐ **floor lamp** [flɔ:r læmp]	スタンド	
☐ **wardrobe** [wɔ́:rdròub]	洋服ダンス	衣類全体
☐ **chest of drawers** [tʃest ɑv drɔ́:rz]	洋服ダンス	
☐ **dresser** [drésər]	化粧ダンス	
☐ **bunk bed** [bʌŋk bed]	二段ベッド	
☐ **blanket** [blǽŋkit]	毛布	動をおおう
☐ **pillow** [pílou]	枕	
☐ **cradle** [kréidl]	ゆりかご	発祥地
☐ **potty** [pɑ́ti]	おまる	
☐ **wastebasket** [wéistbæskit]	紙くずかご	
☐ **trash can** [træʃ kæn]	ごみ箱	
☐ **garbage can** [gɑ́:rbidʒ kæn]	ごみ箱(生ごみ用)	

生活

電話代で支払う **charge**（チャーヂ）

タクシー代で支払う **fare**（フェア）

有料道路の通行に支払う **toll**（トゥル）

映画館の入場に支払う **fee**（フィー）

ガス・水道・電話代などの **public utility charges**（パブリク ユーティリティ チャーヂイズ）

電気代で支払う **electric charge**（イレクトゥリク チャーヂ）

公共料金で送られてくる **bill**（ビル）

働いて得る **income**（インカム）

一年間の収入の **annual income**（アニュアル インカム）

収入によって税務署に支払う **income tax**（インカム タックス）

所有するお金や不動産の **property**（プラパティ）

銀行でこつこつ貯める **savings**（セイヴィングズ）

預金通帳に記された **balance**（バランス）

物を購入できる **purchasing power**（パ〜チェスィング パウア）

54

英単語	意味1	意味2
☐ **charge** [tʃɑːrdʒ]	料金 (労力・サービスの)	責任 動 請求する
☐ **fare** [fɛər]	料金(乗り物の)	運賃
☐ **toll** [toul]	料金(道路・橋などの)	犠牲 使用料金
☐ **fee** [fiː]	料金 (入場料・会費などの)	謝礼
☐ **public utility charges** [pʌ́blik juːtíləti tʃɑːrdʒiz]	公共料金	
☐ **electric charge** [iléktrik tʃɑːrdʒ]	電気料金	
☐ **bill** [bil]	請求書	紙幣 法案
☐ **income** [ínkʌm]	収入	所得
☐ **annual income** [ǽnjuəl ínkʌm]	年収	
☐ **income tax** [ínkʌm tæks]	所得税	
☐ **property** [prɑ́pərti]	財産	所有地 所有物
☐ **savings** [séiviŋz]	貯金(複数形で)	
☐ **balance** [bǽləns]	差し引き残高	バランス 動 の釣り合いをとる
☐ **purchasing power** [pə́ːrtʃəsiŋ páuər]	購買力	

郵便

郵便物を取り扱う **post office** (ボウスト オ(ー)フィス)

郵便局の責任者である **postmaster** (ボウス(トゥ)マスタァ)

そこで働く **mail clerk** (メイル クラーク)

郵便物を配達する **mailman** (メイルマン)

手紙を入れる **envelope** (エンヴェロウプ)

封筒の隅に貼る **stamp** (スタンプ)

地域別にナンバー化された **zip code** (ズィップ コウド)

郵便で出すカードの **postcard** (ボウス(トゥ)カード)

郵便を早く送る **special delivery** (スペシャル ディリヴ(ァ)リィ)

郵送される荷物の **parcel** (パースル)

郵送にかかる **postage** (ボウステヂ)

郵便物を投函する **mailbox** (メイルバクス)

切手に押された **postmark** (ボウス(トゥ)マーク)

郵便局に設置された **P.O.Box** (ピー オウ バクス)

55

☐ **post office** [poust ɔ́(:)fis]	郵便局	
☐ **postmaster** [póus(t)mæstər]	郵便局長(男)	
☐ **mail clerk** [meil klə:rk]	郵便局員	
☐ **mailman** [méilmæn]	郵便配達人	
☐ **envelope** [énvəlòup]	封筒	
☐ **stamp** [stæmp]	切手	特徴 動を踏みつける
☐ **zip code** [zip koud]	郵便番号	
☐ **postcard** [póus(t)kà:rd]	はがき	
☐ **special delivery** [spéʃəl dilív(ə)ri]	速達郵便	
☐ **parcel** [pá:rsl]	小包	
☐ **postage** [póustidʒ]	郵便料金	
☐ **mailbox** [méilbàks]	ポスト	
☐ **postmark** [póus(t)mà:rk]	消印	動に消印を押す
☐ **P.O.Box** [pí:òubaks]	私書箱	

銀行

お金を取り扱う **bank**
バンク

銀行にお金を預ける **deposit**
ディパズィト

預金で開く **bank account**
バンク アカウント

普通に預金する **savings account**
セイヴィングズ アカウント

一定期間預ける **fixed account**
フィクスト アカウント

小切手の使用で預金する **checking account**
チェッキング アカウント

預金で受け取る **bankbook**
バンクブク

口座につけられた番号の **account number**
アカウント ナンバァ

預金につく **interest**
インタレスト

利子における年間の **rate**
レイト

銀行でお金を調達する **debt**
デット

料金の支払いで携帯する **checkbook**
チェクブク

カードでお金を引き出す **cash dispenser**
キャッシ ディスペンサァ

現金の引き出しで入力する4桁の **code number**
コウド ナンバァ

56

☐ **bank** [bæŋk]	銀行	岸
☐ **deposit** [dipázit]	預金	動を預金する
☐ **bank account** [bæŋk əkáunt]	預金口座	
☐ **savings account** [séiviŋz əkáunt]	普通預金	
☐ **fixed account** [fikst əkáunt]	定期預金	
☐ **checking account** [tʃékiŋ əkáunt]	当座預金	
☐ **bankbook** [bæŋkbùk]	預金通帳	
☐ **account number** [əkáunt nʌ́mbər]	口座番号	
☐ **interest** [ínt(ə)rist]	利子	興味 利益
☐ **rate** [reit]	利率	割合 動を評価する
☐ **debt** [det]	借金	負債
☐ **checkbook** [tʃékbùk]	小切手帳	
☐ **cash dispenser** [kæʃ dispénsər]	現金支払機	
☐ **code number** [koud nʌ́mbər]	暗証番号	

家族

自分の親の **one's parents** (ワンズ ペ(ア)レンツ)

自分の親の父の **grandfather** (グラン(ドゥ)ファーザァ)

自分の親の母の **grandmother** (グラン(ドゥ)マザァ)

自分の配偶者の父の **father-in-law** (ファーザ イン ロー)

自分の配偶者の母の **mother-in-law** (マ ザ イン ロー)

自分の娘の夫の **son-in-law** (サン イン ロー)

自分の息子の妻の **daughter-in-law** (ドー タ イン ロー)

自分の子供の子供の **grandchild** (グラン(ドゥ)チャイルド)

血縁関係のある **relative** (レラティヴ)

自分の兄弟の息子の **nephew** (ネフュー)

自分の兄弟の娘の **niece** (ニース)

自分の親の兄弟の **uncle** (アンクル)

自分の親の姉妹の **aunt** (アント)

自分のおじ・おばの子供の **cousin** (カズン)

57

one's parents [wʌnz pé(ə)rənts]	両親
grandfather [grǽn(d)fɑ̀:ðər]	祖父
grandmother [grǽn(d)mʌ̀ðər]	祖母
father-in-law [fɑ́:ðərinlɔ̀:]	しゅうと　　義父
mother-in-law [mʌ́ðərinlɔ̀:]	しゅうとめ　　義母
son-in-law [sʌ́ninlɔ̀:]	むこ
daughter-in-law [dɔ́:t(ə)rinlɔ̀:]	嫁
grandchild [grǽn(d)tʃàild]	孫
relative [rélətiv]	親戚
nephew [néfju:]	おい
niece [ni:s]	めい
uncle [ʌ́ŋkl]	おじ
aunt [ænt]	おば
cousin [kʌ́zn]	いとこ

人①

幼い子供の **infant** (インファント)

18歳になる男性の **young man** (ヤングマン)

18歳になる女性の **young woman** (ヤングウマン)

結婚していない男性の **bachelor** (バチェラァ)

結婚していない女性の **single woman** (スィングルウマン)

プロポーズした男性の **fiancé** (フィーアーンセイ)

プロポーズを受けた女性の **fiancée** (フィーアーンセイ)

結婚したての **newlyweds** (ニューリィウェズ)

結婚して、仲よく連れ添う **couple** (カプル)

夫を亡くした **widow** (ウィドウ)

妻を亡くした **widower** (ウィドウア)

年老いた **old people** (オウルドピープル)

年老いた男性の **elderly man** (エルダリィマン)

年老いた女性の **elderly woman** (エルダリィウマン)

58

☐ **infant** [ínfənt]	幼児	
☐ **young man** [jʌŋ mæn]	若者(男性)	
☐ **young woman** [jʌŋ wúmən]	若者(女性)	
☐ **bachelor** [bǽtʃ(ə)lər]	独身男性	
☐ **single woman** [síŋgl wúmən]	独身女性	
☐ **fiancé** [fì:ɑ:nséi]	婚約者(女性から見た)	
☐ **fiancée** [fì:ɑ:nséi]	婚約者(男性から見た)	
☐ **newlyweds** [n(j)ú:liwèdz]	新婚夫婦	
☐ **couple** [kʌ́pl]	夫婦	動をつなぐ 形二つの
☐ **widow** [wídou]	未亡人	
☐ **widower** [wídouər]	男やもめ	
☐ **old people** [ould pí:pl]	年寄り(集合的に)	
☐ **elderly man** [éldərli mæn]	おじいさん	
☐ **elderly woman** [éldərli wúmən]	おばあさん	

人②

自分の家に訪れた **visitor**〔ヴィズィタァ〕

店に訪れた **customer**〔カスタマァ〕

店のお得意様の **client**〔クライアント〕

劇場に訪れる **audience**〔オーディエンス〕

スポーツを観戦する **spectator**〔スペクテイタァ〕

火事の現場に群がる **curious onlooker**〔キュ(ア)リアス アンルッカァ〕

近所に住む **neighbor**〔ネイバァ〕

昔からよく知る **acquaintance**〔アクウェインタンス〕

命を助けてくれた **benefactor**〔ベネファクタァ〕

歩道を歩く **pedestrian**〔ペデストゥリアン〕

力持ちでタフな **guy**〔ガイ〕

一人前に成長した **grown-up**〔グロウナプ〕

文明を地上に築いた **human being**〔ヒューマン ビーイング〕

社会の一員としての **person**〔パ〜スン〕

59

☐ **visitor** [vízitər]	訪問者	来客 観光客
☐ **customer** [kʌ́stəmər]	お客	顧客
☐ **client** [kláiənt]	顧客	依頼人 お得意
☐ **audience** [ɔ́:diəns]	観客(集合的に)	観衆 視聴者
☐ **spectator** [spékteitər]	観客 (スポーツの試合などの)	見物人
☐ **curious onlooker** [kjú(ə)riəs ánlùkər]	やじ馬	
☐ **neighbor** [néibər]	隣人	近所の人
☐ **acquaintance** [əkwéintəns]	知人	知り合い
☐ **benefactor** [bénəfæktər]	恩人	寄進者 後援者
☐ **pedestrian** [pədéstriən]	歩行者	形 歩行者のための
☐ **guy** [gai]	男	やつ
☐ **grown-up** [gróunʌ̀p]	大人	形 大人の 形 成人向きの
☐ **human being** [hjú:mən bí:iŋ]	人間(動物に対して)	
☐ **person** [pə́:rsn]	人	個人

人 ③

通いで家事をする helper (ヘルパァ)

住み込みで家事をする maid (メイド)

奥様に代わって家事をする housekeeper (ハウスキーパァ)

主人に仕える servant (サ～ヴァント)

社長の車を運転する chauffeur (ショウファ)

社長のスケジュールを管理する secretary (セクレテリィ)

莫大なお金を持つ millionaire (ミリョネア)

路上で生活する beggar (ベガァ)

外国から移住した immigrant (イミグラント)

熱心にキリスト教を信じる believer (ビリーヴァ)

事故で怪我をした injured person (インヂァド パ～スン)

事故で災難を被った sufferer (サフ(ァ)ラァ)

事故で相手に危害を加えた assailant (アセイラント)

組織に責任を持つ person in charge (パ～スン イン チャ～ヂ)

60

☐ **helper** [hélpər]	お手伝い	助ける人
☐ **maid** [meid]	お手伝いの女性	
☐ **housekeeper** [háuskì:pər]	家政婦	主婦
☐ **servant** [sə́:rvənt]	召し使い	使用人 公僕
☐ **chauffeur** [ʃóufər]	お抱え運転手	
☐ **secretary** [sékrətèri]	秘書	書記官 長官
☐ **millionaire** [mìljənéər]	大富豪	
☐ **beggar** [bégər]	乞食	
☐ **immigrant** [íməgrənt]	移民	移住者
☐ **believer** [bilí:vər]	信者	信じる人
☐ **injured person** [índʒərd pə́:rsn]	怪我人	
☐ **sufferer** [sʌ́f(ə)rər]	被害者	苦しむ人 被災者
☐ **assailant** [əséilənt]	加害者	攻撃者
☐ **person in charge** [pə́rsn in tʃɑ:rdʒ]	責任者	

店

肉を販売する **butcher shop**

魚を販売する **fish shop**

花を販売する **flower shop**

メガネを販売する **optical shop**

文房具を販売する **stationer's shop**

おもちゃを販売する **toyshop**

ベッドや布団を販売する **sleep shop**

酒を販売する **liquor store**

化粧品を販売する **cosmetic store**

洋服を販売する **clothing store**

薬を販売する **drugstore**

パンを販売する **bakery**

食料や雑貨を販売する **grocery**

ケーキやクッキーを販売する **confectionery**

61

☐ **butcher shop** [bútʃər ʃɑp]	肉屋	
☐ **fish shop** [fiʃ ʃɑp]	魚屋	
☐ **flower shop** [fláuər ʃɑp]	花屋	
☐ **optical shop** [ɑ́ptikəl ʃɑp]	メガネ店	
☐ **stationer's shop** [stéiʃənərz ʃɑp]	文房具店	
☐ **toyshop** [tɔ́iʃɑp]	おもちゃ屋	
☐ **sleep shop** [sli:p ʃɑp]	寝具店	
☐ **liquor store** [líkər stɔ:r]	酒屋	
☐ **cosmetic store** [kɑzmétik stɔ:r]	化粧品店	
☐ **clothing store** [klóuðiŋ stɔ:r]	衣料品店	
☐ **drugstore** [drʌ́gstɔ̀:r]	薬局	
☐ **bakery** [béik(ə)ri]	パン屋	
☐ **grocery** [gróus(ə)ri]	食料雑貨店	
☐ **confectionery** [kənfékʃənèri]	洋菓子屋	菓子類

職業①

生計を立てるための **occupation**（アキュペイション）

会社で働く **office worker**（オ(ー)フィス ワ〜カァ）

事務の仕事をする **clerk**（クラーク）

役所に勤める **official**（オフィシャル）

警察に勤める **police officer**（ポリース オ(ー)フィサァ）

消防署に勤める **fire fighter**（ファイア ファイタァ）

銀行に勤める **bank clerk**（バンク クラーク）

駅に勤める **station officer**（ステイション オ(ー)フィサァ）

飛行機に乗務する **crew**（クルー）

機械を操作する **operator**（アペレイタァ）

タクシーを運転する **taxi driver**（タクスィ ドゥライヴァ）

自動車を修理する **mechanic**（メキャニク）

家を修理する **carpenter**（カーペンタァ）

農場を経営する **farmer**（ファーマァ）

62

☐ **occupation** [ὰkjupéiʃən]	職業	仕事 占領
☐ **office worker** [ɔ́(:)fis wə́:rkər]	サラリーマン	
☐ **clerk** [klə:rk]	事務員	店員
☐ **official** [əfíʃəl]	公務員	役人 形 公の
☐ **police officer** [pəlí:s ɔ́(:)fisər]	警官	
☐ **fire fighter** [fáiər fáitər]	消防士	
☐ **bank clerk** [bæŋk klə:rk]	銀行員	
☐ **station officer** [stéiʃən ɔ́fisər]	駅員	
☐ **crew** [kru:]	乗組員	一隊 全乗員
☐ **operator** [ápərèitər]	運転者	交換手 操作する人
☐ **taxi driver** [tæksi dráivər]	タクシー運転手	
☐ **mechanic** [mikǽnik]	機械工	
☐ **carpenter** [ká:rpəntər]	大工	
☐ **farmer** [fá:rmər]	農場経営者	

職業②

魚を捕る **fisherman**（フィシァマン）

庭を造る **gardener**（ガードゥナァ）

女性の髪を美しくする **hairdresser**（ヘアドゥレサァ）

男性の髪を切る **barber**（バーバァ）

レストランで料理をつくる **cook**（クック）

人の人生を占う **fortune-teller**（フォーチュン テラァ）

マッサージをほどこす男性の **masseur**（マスーア）

マッサージをほどこす女性の **masseuse**（マスーズ）

運動競技に参加する **athlete**（アスリート）

外国語を通訳する **interpreter**（インタ〜プリタァ）

自宅で勉強を教える **tutor**（テューター）

電気を取り扱う **electrician**（イレクトゥリシャン）

建物を建築する **architect**（アーキテクト）

土木にたずさわる **civil engineer**（スィヴル エンヂニア）

63

☐ **fisherman** [fíʃərmən]	漁師	
☐ **gardener** [gáːrdnər]	庭師	
☐ **hairdresser** [héərdrèsər]	美容師	
☐ **barber** [báːrbər]	理容師	
☐ **cook** [kuk]	調理師	
☐ **fortune-teller** [fɔ́ːrtʃəntèlər]	占い師	
☐ **masseur** [mæsə́ːr]	マッサージ師 (男性)	
☐ **masseuse** [mæsə́ːz]	マッサージ師 (女性)	
☐ **athlete** [ǽθliːt]	運動選手	
☐ **interpreter** [intə́ːrpritər]	通訳	
☐ **tutor** [t(j)úːtər]	家庭教師	
☐ **electrician** [ilèktríʃən]	電気技師	電気工
☐ **architect** [áːrkətèkt]	建築技師	建築家
☐ **civil engineer** [sívəl èndʒəníər]	土木技師	

職業③

大学で教鞭をとる **professor** (プロフェサァ)

学問を研究する **scholar** (スカラァ)

文学作品を書く **author** (オーサァ)

雑誌を編集する **editor** (エディタァ)

新聞記事を書く **reporter** (リポータァ)

テレビや雑誌で評論する **critic** (クリティク)

テレビでスポーツを解説する **commentator** (カメンテイタァ)

ニュース番組で司会を務める **anchorperson** (アンカパ～スン)

訴訟で弁護する **lawyers** (ローヤァ)

薬を調合する **pharmacist** (ファーマスィスト)

病気を治す **doctor** (ダクタァ)

病院で看護する **nurse** (ナ～ス)

歯の治療をする **dentist** (デンティスト)

動物を治療する **veterinarian** (ヴェテリネ(ア)リアン)

64

☐ **professor** [prəfésər]	教授	
☐ **scholar** [skálər]	学者	
☐ **author** [ɔ́ːθər]	著者	作家 / 作者
☐ **editor** [éditər]	編集者	
☐ **reporter** [ripɔ́ːrtər]	報道記者	
☐ **critic** [krítik]	評論家	批評家
☐ **commentator** [káməntèitər]	解説者	
☐ **anchorperson** [ǽŋkərpə̀ːrsn]	ニュースキャスター	
☐ **lawyer** [lɔ́ːjər]	弁護士	
☐ **pharmacist** [fáːrməsist]	薬剤師	
☐ **doctor** [dáktər]	医師	
☐ **nurse** [nəːrs]	看護婦	動を看護する
☐ **dentist** [déntist]	歯科医	
☐ **veterinarian** [vètərəné(ə)riən]	獣医	

体

体を動かす **muscle**
マッスル

体を支える **bone**
ボウン

体に流れる赤い **blood**
ブラッド

痛みを感じる **nerve**
ナーヴ

食べ物の味を知る **tongue**
タング

食べ物をかみ砕く **tooth**
トゥース

風邪でヒリヒリ痛む **throat**
スロウト

男性ののどにできる **Adam's apple**
アダムズ アプル

手で一番太い指の **thumb**
サム

人を指さす **index finger**
インデクス フィンガァ

一番長い指の **middle finger**
ミドゥル フィンガァ

結婚指輪をはめる **ring finger**
リング フィンガァ

細くて短い **pinkie**
ピンキィ

手を広げたときの **palm**
パーム

☐ **muscle** [mʌ́sl]	筋肉	
☐ **bone** [boun]	骨	
☐ **blood** [blʌd]	血	血液 血統
☐ **nerve** [nəːrv]	神経	
☐ **tongue** [tʌŋ]	舌	国語
☐ **tooth** [tuːθ]	歯	
☐ **throat** [θrout]	のど	
☐ **Adam's apple** [ǽdəmz ǽpl]	のどぼとけ	
☐ **thumb** [θʌm]	親指	
☐ **index finger** [índeks fíŋgər]	人さし指	
☐ **middle finger** [mídl fíŋgər]	中指	
☐ **ring finger** [riŋ fíŋgər]	薬指	
☐ **pinkie** [píŋki]	小指	
☐ **palm** [pɑːm]	手のひら	

病気

生活の不摂生からなる **disease**(ディズィーズ)

高熱で寝込む **sickness**(スィクネス)

体がだるくなる **fatigue**(ファティーグ)

胃のあたりがムカムカする **nausea**(ノーズィア)

胃からガスが出る **belch**(ベルチ)

ヒックヒックと呼吸する **hiccup**(ヒカプ)

鼻がムズムズして出る **sneeze**(スニーズ)

顔が蒼白になって、めまいがする **anemia**(アニーミア)

便が液状になって出る **diarrhea**(ダイアリーア)

気張っても便が出ない **constipation**(カンスティペイション)

肉体に苦痛が起きる **pain**(ペイン)

頭に痛みが起きる **headache**(ヘディク)

おなかに痛みが起きる **stomachache**(スタマケイク)

歯に痛みが起きる **toothache**(トゥーセイク)

66

☐ **disease** [dizí:z]	病気	
☐ **sickness** [síknis]	病気(状態)	吐き気 むかつき
☐ **fatigue** [fətí:g]	疲労	動を疲れさせる
☐ **nausea** [nɔ́:ziə]	吐き気	むかつき
☐ **belch** [beltʃ]	げっぷ	動げっぷする 動を吐き出す
☐ **hiccup** [híkʌp]	しゃっくり	動しゃっくりをする
☐ **sneeze** [sni:z]	くしゃみ	動しゃみをする
☐ **anemia** [əní:miə]	貧血	
☐ **diarrhea** [dàiərí:ə]	下痢	
☐ **constipation** [kànstəpéiʃən]	便秘	
☐ **pain** [pein]	痛み	苦痛 苦労
☐ **headache** [hédèik]	頭痛	
☐ **stomachache** [stʌ́məkèik]	腹痛	
☐ **toothache** [tú:θèik]	歯痛	

病院

患者を治療する **hospital**(ハスピトゥル)

設備の整った **general hospital**(チェネラル ハスピトゥル)

病院に通院する **sick person**(スィック パースン)

病院で治療を受ける **patient**(ペイシェント)

緊急で患者を運ぶ **ambulance**(アンビュランス)

患者が最初に訪れる **reception desk**(リセプション デスク)

受付で渡す **consultation card**(カンサルテイション カード)

ドクターに診てもらう **consultation**(カンサルテイション)

診察を行う **consulting room**(コンサルティング ル(ー)ム)

診察を行う日の **consultation day**(カンサルテイション デイ)

診察で支払う **medical fee**(メディカル フィー)

腕にベルトを巻いて計る **blood pressure**(ブラッド プレシァ)

手首で診る **pulse**(パルス)

患者の腕に薬を打つ **injection**(インヂェクション)

158

67

☐ **hospital** [háspitl]	病院	
☐ **general hospital** [dʒénərəl háspitl]	総合病院	
☐ **sick person** [sik pə́ːrsn]	病人	
☐ **patient** [péiʃənt]	患者	形我慢強い
☐ **ambulance** [ǽmbjuləns]	救急車	
☐ **reception desk** [risépʃən desk]	受付	
☐ **consultation card** [kàns(ə)ltéiʃən kɑːrd]	診察券	
☐ **consultation** [kàns(ə)ltéiʃən]	診察	相談 協議会
☐ **consulting room** [kənsʌ́ltiŋ ru(ː)m]	診察室	
☐ **consultation day** [kànsəltéiʃən déi]	診察日	
☐ **medical fee** [médikəl fiː]	診察料	
☐ **blood pressure** [blʌd préʃər]	血圧	
☐ **pulse** [pʌls]	脈拍	鼓動 動脈打つ
☐ **injection** [indʒékʃən]	注射	

薬

病気を治す **medicine** メデ(ィ)スン

丸い形の **pill** ピル

固形の **tablet** タブレット

粉になった **powder** パウダァ

皮膚に塗る **ointment** オイントゥメント

薬草で調合された **herb medicine** ハ〜ブ メデ(ィ)スン

風邪に効く **cold medicine** コウルド メデ(ィ)スン

咳を止める **cough medicine** コ(ー)フ メデ(ィ)スン

消化を助ける **digestive** ダイチェスティヴ

痛みを抑える **painkiller** ペインキラァ

便秘に服用する **laxative** ラクサティヴ

目に垂らす **eyewash** アイワッシ

はげに効く **hair restorer** ヘア リストーラァ

病原菌を抑える **antibiotic** アンティバイアティク

68

☐ **medicine** [méd(ə)sən]	薬	医薬 医学
☐ **pill** [pil]	丸薬	経口避妊薬 (**the**をつけて)
☐ **tablet** [tǽblit]	錠剤	額 メモ帳
☐ **powder** [páudər]	粉薬	火薬 動を粉にする
☐ **ointment** [ɔ́intmənt]	軟膏	
☐ **herb medicine** [(h)ə:rb méd(ə)sən]	漢方薬	
☐ **cold medicine** [kould méd(ə)sən]	風邪薬	
☐ **cough medicine** [kɔ(:)f méd(ə)sən]	咳止めの薬	
☐ **digestive** [daidʒéstiv]	消化剤	形消化の 形消化をうながす
☐ **painkiller** [péinkilər]	鎮痛剤	
☐ **laxative** [lǽksətiv]	下剤	
☐ **eyewash** [áiwɔʃ]	目薬	
☐ **hair restorer** [hɛər ristɔ́:rər]	毛生え薬	
☐ **antibiotic** [æntibaiátik]	抗生物質	

学校

幼児を預かる **day-care center**

就学前に通う **kindergarten**

6歳から入学する **elementary school**

12歳から入学する **junior high**

15歳から入学する **high school**

市が運営する **public school**

学費が高い **private school**

18歳から入学する **university**

学部が限られた **college**

理工系大学の **institute**

2年制大学の **junior college**

専門の技術を学ぶ **professional school**

新学期に学校へ入る **admission**

入学で行う試験の **entrance examination**

69

☐ **day-care center** [déikèər séntər]	託児所	
☐ **kindergarten** [kíndərgà:rtn]	幼稚園	
☐ **elementary school** [èləméntəri sku:l]	小学校	
☐ **junior high** [dʒú:njər hai]	中学校(口語的)	
☐ **high school** [hai sku:l]	高校	
☐ **public school** [pʌ́blik skú:l]	公立学校	
☐ **private school** [práivət sku:l]	私立学校	
☐ **university** [jù:nəvə́:rsəti]	大学(総合大学)	
☐ **college** [kálidʒ]	大学(単科大学)	学部(大学の)
☐ **institute** [ínstət(j)ù:t]	大学(理工系大学)	研究室 動を設立する
☐ **junior college** [dʒú:njər kálidʒ]	短期大学	
☐ **professional school** [prəféʃ(ə)nəl sku:l]	専門学校	
☐ **admission** [ədmíʃən]	入学	入場料 入るのを許すこと
☐ **entrance examination** [éntrəns igzæ̀mənéiʃən]	入学試験	

授業

学校で行われる **education**(エデュケイション)

学校で受ける **class**(クラス)

授業で受ける **subject**(サブデェクト)

授業で使う **textbook**(テクス(トゥ)ブク)

教室の前に貼られた **schedule**(スケデュール)

時間割りで仕切られた **period**(ピ(ア)リオド)

大学で受ける教授の **lecture**(レクチァ)

学力を試すための **written test**(リトゥン テスト)

文章力を養う **composition**(カンポズィション)

一年ごとに上がる **grade**(グレイド)

就学にかかる **school expenses**(スクール イクスペンスィズ)

学校に支払う **tuition**(テューイション)

学年末に行う **graduation**(グラデュエイション)

卒業式に参加する **graduate**(グラデュエト)

164

70

☐ **education** [èdʒukéiʃən]	教育	
☐ **class** [klæs]	授業	組 動を分類する
☐ **subject** [sʌ́bdʒikt]	科目	動を服従させる 形受けやすい
☐ **textbook** [téks(t)bùk]	教科書	
☐ **schedule** [skédʒu:l]	時間割り	予定 動を予定する
☐ **period** [pí(ə)riəd]	時限	期間 時代
☐ **lecture** [léktʃər]	講義	動講義する
☐ **written test** [rítn test]	筆記試験	
☐ **composition** [kàmpəzíʃən]	作文	作品 成分
☐ **grade** [greid]	学年	等級 成績
☐ **school expenses** [sku:l ikspénsiz]	学費	
☐ **tuition** [t(j)u:íʃən]	授業料	教授 授業
☐ **graduation** [græ̀dʒuéiʃən]	卒業式	
☐ **graduate** [grǽdʒuət]	卒業生	*グラヂュエイト* 動卒業する

英語

自国の言葉の **mother tongue**（マザ タング）

母国語以外の **foreign language**（フォ(ー)リン ラングウィヂ）

言葉を構成する **grammar**（グラマァ）

会話に必要な **vocabulary**（ヴォウキャビュレリィ）

流暢な言葉の **pronunciation**（プロナンスィエイション）

慣用句としての英語の **idiom**（イディオム）

陰で使われる英語の **slang**（スラング）

動作などを表現する **verb**（ヴァ〜ブ）

物の名称などを表現する **noun**（ナウン）

名詞を形容する **adjective**（アヂェクティヴ）

動詞を形容する **adverb**（アドゥヴァ〜ブ）

名詞でaやanがつく **singular**（スィンギュラァ）

名詞で二つ以上の **plural**（プル(ア)ラル）

外国語を母国語に換える **translation**（トゥランスレイション）

71

mother tongue [máðər tʌŋ]	母国語	
foreign language [fɔ́(:)rin læŋgwidʒ]	外国語	
grammar [grǽmər]	文法	
vocabulary [voukǽbjulèri]	語彙	
pronunciation [prənʌ̀nsiéiʃən]	発音	
idiom [ídiəm]	熟語	慣用句
slang [slæŋ]	俗語	
verb [vəːrb]	動詞	
noun [naun]	名詞	
adjective [ǽdʒiktiv]	形容詞	
adverb [ǽdvəːrb]	副詞	
singular [síŋgjulər]	単数	形珍しい 形単数の
plural [plú(ə)rəl]	複数	形複数の
translation [trænsléiʃən]	翻訳	

英語学習

英語を学習する様々な **method**（メソッド）

学習方法でとる **means**（ミーンズ）

英語がマスターできる **possibility**（パスィビリティ）

人間に備わった語学習得の **ability**（アビリティ）

英語の習得に必要な **element**（エレメント）

学習に必要な **basis**（ベイスィス）

学習でぶつかる **difficulty**（ディフィカルティ）

英語がみるみる上達する **progress**（プラグレス）

訓練によるアクセントの **development**（ディヴェロプメント）

次第に迎える英語上達の **limit**（リミト）

上達をさまたげる **cause**（コーズ）

上達できない **reason**（リーズン）

上達できない環境的な **circumstance**（サ～カムスタンス）

英語の習得に欠かせない粘り強い **perseverance**（パースィヴィ（ア）ランス）

72

☐ **method** [méθəd]	方法	筋道 方式
☐ **means** [mi:nz]	手段	
☐ **possibility** [pàsəbíləti]	可能性	ありうること
☐ **ability** [əbíləti]	能力	手腕
☐ **element** [éləmənt]	要素	元素
☐ **basis** [béisis]	基礎	基準
☐ **difficulty** [dífikəlti]	困難	難しさ
☐ **progress** [prágres]	進歩	プログレス 動前進する
☐ **development** [divéləpmənt]	発達	開発 現像(フィルムの)
☐ **limit** [límit]	限界	動を制限する
☐ **cause** [kɔ:z]	原因	理由 動の原因となる
☐ **reason** [rí:zn]	理由	理性 動考える
☐ **circumstance** [sə́:rkəmstæns]	事情	状況 境遇(複数形で)
☐ **perseverance** [pə̀:rsəví(ə)rəns]	忍耐	根性 頑張り

話

絵本に書かれた **old story**
オウルド ストーリィ

子供に話して聞かせる **tale**
テイル

会話にのぼる **topic**
タピク

陰でコソコソ話す **gossip**
ガスィプ

不確かな話として伝わる **rumor**
ルーマァ

人としゃべる **talk**
トーク

話題を中心に話す **conversation**
カンヴァセイション

日常で交わす人との **dialogue**
ダイアロ(ー)グ

仕事で話す **business talk**
ビズネス トーク

テーマに沿った **discussion**
ディスカション

けんけんがくがくの **argument**
アーギュメント

人に説いてわからせる **explanation**
エクスプラネイション

話して相手を説き伏せる **persuasion**
パスウェイジョン

相手に知らせる **notice**
ノウティス

73

☐ **old story** [ould stɔ́:ri]	昔話	
☐ **tale** [teil]	話	物語
☐ **topic** [tápik]	話題	
☐ **gossip** [gásip]	うわさ話	動うわさ話をする
☐ **rumor** [rú:mər]	うわさ	
☐ **talk** [tɔ:k]	話	会談 動話す
☐ **conversation** [kànvərséiʃən]	会話	
☐ **dialogue** [dáiəlɔ(:)g]	対話	問答
☐ **business talk** [bíznis tɔ:k]	商談	
☐ **discussion** [diskʌ́ʃən]	討論	話し合い
☐ **argument** [á:rgjumənt]	議論	口論
☐ **explanation** [èksplənéiʃən]	説明	弁明
☐ **persuasion** [pərswéiʒən]	説得	説得力
☐ **notice** [nóutis]	通知	注目 動に気づく

171

学問

人間が獲得した知識の **learning** (ラーニング)

自然界を研究する **science** (サイエンス)

物質の性質を研究する **chemistry** (ケミストゥリィ)

生物を研究する **biology** (バイアロヂィ)

地形などを研究する **geography** (ヂアグラフィ)

宇宙を研究する **astronomy** (アストゥラノミィ)

人間の心を研究する **psychology** (サイカロヂィ)

数字を扱う学問の **mathematics** (マセマティクス)

人類がたどってきた **history** (ヒストゥリィ)

真理を探究する **philosophy** (フィラソフィ)

ある人物の生涯を記した **biography** (バイアグラフィ)

作家によって書かれた **novel** (ナヴェル)

芸術的な作品としての **literature** (リテレチュア)

昔から言い伝えられた **proverb** (プラヴァ〜ブ)

☐ **learning** [lə́ːrniŋ]	学問	学識 学習
☐ **science** [sáiəns]	科学	
☐ **chemistry** [kémistri]	化学	
☐ **biology** [baiálədʒi]	生物学	
☐ **geography** [dʒiágrəfi]	地理	
☐ **astronomy** [əstránəmi]	天文学	
☐ **psychology** [saikálədʒi]	心理学	
☐ **mathematics** [mæθəmǽtiks]	数学	
☐ **history** [híst(ə)ri]	歴史	
☐ **philosophy** [filásəfi]	哲学	人生観
☐ **biography** [baiágrəfi]	伝記	
☐ **novel** [návəl]	長編小説	
☐ **literature** [lítərətʃ(u)ər]	文学	文献 印刷物
☐ **proverb** [právəːrb]	ことわざ	

物質

物質の最小単位である **atom**（アトム）

原子で構成されている **molecule**（マリキュール）

分子からできた様々な **substance**（サブスタンス）

人間がつくった様々な **thing**（スィング）

確認できない未知の **object**（アブヂェクト）

固形物としての **lump**（ランプ）

多くのものが集まってできた **mass**（マス）

かたまりの一部の **piece**（ピース）

かたまりから欠けた **bit**（ビット）

物質をつくっている **material**（マティ(ア)リアル）

光沢のある素材の **metal**（メトゥル）

立体としての物質の **volume**（ヴァリュム）

体積の縦横の **measure**（メジァ）

物差しで調べる **length**（レング(ク)ス）

75

☐ **atom** [ǽtəm]	原子	
☐ **molecule** [málikju:l]	分子	
☐ **substance** [sábstəns]	物質	内容
☐ **thing** [θiŋ]	物	事 事情(複数形で)
☐ **object** [ábdʒikt]	物体	オブジェクト 動反対する
☐ **lump** [lʌmp]	かたまり	こぶ 動をひとまとめにする
☐ **mass** [mæs]	かたまり	大衆 動をひとかたまりにする
☐ **piece** [pi:s]	断片	一つ 動をつなぎ合わせる
☐ **bit** [bit]	小片	
☐ **material** [mətí(ə)riəl]	素材	原料 形物質の
☐ **metal** [métl]	金属	
☐ **volume** [válju:m]	体積	量 巻
☐ **measure** [méʒər]	寸法	物差し 動を測る
☐ **length** [leŋ(k)θ]	長さ	

研究

研究設備を備えた **laboratory**

研究室で行う様々な **research**

実験で使う様々な **device**

繰り返される実験の **observation**

ある原因によってもたらされた **effect**

実験で流す **electricity**

電極から発する **flash**

パチパチと出る **spark**

タービンから吹き出る **steam**

いろいろと変えてみる **way**

研究から生まれる **invention**

発明で取得する **patent**

困難を克服する高い **technique**

科学の発展を支える **technology**

laboratory [læb(ə)rətɔ̀:ri]	研究所	実験室
research [risə́:rtʃ]	研究	調査 動調査する
device [diváis]	装置	工夫 しかけ
observation [àbzərvéiʃən]	観察	観察力
effect [ifékt]	結果	影響 効果
electricity [ilèktrísəti]	電気	
flash [flæʃ]	閃光	ひらめき 動パッと光る
spark [spɑ:rk]	火花	動火花を散らす
steam [sti:m]	蒸気	動蒸気を出す 動を蒸気に当てる
way [wei]	方法	道 方向
invention [invénʃən]	発明	発明品
patent [pǽt(ə)nt]	特許	形明白な
technique [tekní:k]	技術	
technology [teknálədʒi]	科学技術	工学

キリスト教

神による宇宙の **creation**

神を信じる **belief**

神に対する信者の絶対的な **faith**

聖書を教典とする **Christianity**

聖書における古い記述の **the Old Testament**

イエス以降の **the New Testament**

死後、善人が行く **heaven**

死後、悪人が行く **hell**

よい行いの **right**

悪い行いの **wrong**

悪に誘惑する **devil**

キリストの教えを述べる **minister**

キリスト教を海外に伝える **missionary**

入信で行う儀式としての **baptism**

77

☐ **creation** [kriéiʃən]	創造	創造物 産物(知力による)
☐ **belief** [bilí:f]	信仰	信念 信じていること
☐ **faith** [feiθ]	信仰	信頼 宗教
☐ **Christianity** [krìstʃiǽniti]	キリスト教	
☐ **the Old Testament** [ði ould téstəmənt]	旧約聖書	
☐ **the New Testament** [ðə n(j)u: téstəmənt]	新約聖書	
☐ **heaven** [hévən]	天国	
☐ **hell** [hel]	地獄	
☐ **right** [rait]	善	右 権利
☐ **wrong** [rɔ(:)ŋ]	悪	形悪い 形間違った
☐ **devil** [dév(ə)l]	悪魔	
☐ **minister** [mínistər]	牧師	大臣 動世話をする
☐ **missionary** [míʃ(ə)nèri]	宣教師	伝道師
☐ **baptism** [bǽptizm]	洗礼	

179

社会①

出生によって取得する **nationality**

その国の国籍を持つ **nation**

その国に住む国民の数の **population**

人間が集まってつくる **society**

町内でつくる **community**

地域社会でつくる **organization**

町に住む住人の **citizen**

首都から離れた **region**

人口の過疎化が進む **village**

土地が区分された **district**

自宅付近の **neighborhood**

豊かな国家の **prosperity**

国家がほどこす国民への **welfare**

公共の福祉で市民が使う **institution**

78

☐ **nationality** [næ̀ʃənǽləti]	国籍	
☐ **nation** [néiʃən]	国民	国
☐ **population** [pɑ̀pjuléiʃən]	人口	全住民
☐ **society** [səsáiəti]	社会	協会 社交界
☐ **community** [kəmjú:nəti]	地域社会	生活共同体
☐ **organization** [ɔ̀:rɡənizéiʃən]	組織	団体 組織化
☐ **citizen** [sítəzn]	市民	国民
☐ **region** [rí:dʒən]	地方	領域 地域
☐ **village** [vílidʒ]	村	
☐ **district** [dístrikt]	地域	
☐ **neighborhood** [néibərhùd]	近所	
☐ **prosperity** [prɑspérəti]	繁栄	成功 幸運
☐ **welfare** [wélfèər]	福祉	幸福 福祉事業
☐ **institution** [ìnstət(j)ú:ʃən]	社会施設	設立 慣習

社会②

国を治める **government**
ガヴァ(ン)メント

政治家を選出する **election**
イレクション

選挙で行う国民の **vote**
ヴォウト

社会生活に必要なルールとしての **law**
ロー

裁判所に訴えを起こす **suit**
ス(ュ)ート

法律による弱者の **relief**
リリーフ

弱者に対する手厚い **protection**
プロテクション

車が行き交う都会の **traffic**
トゥラフィク

車がまきちらす **exhaust gas**
イグゾースト ギャス

車による大気汚染の **pollution**
ポルーション

交通で守るべき **safety**
セイフティ

国が企画する事業の **project**
プラヂェクト

国が統括する **service**
サ〜ヴィス

団体が行う様々な **movement**
ムーヴメント

79

☐ **government** [gʌ́vər(n)mənt]	政治	政府 管理
☐ **election** [ilékʃən]	選挙	
☐ **vote** [vout]	投票	動投票する
☐ **law** [lɔ:]	法律	法学 規則
☐ **suit** [s(j)ú:t]	訴訟	衣服 動に適する
☐ **relief** [rilí:f]	救済	除去 救助
☐ **protection** [prətékʃən]	保護	援護
☐ **traffic** [trǽfik]	交通	往来(車などの) 動取引をする
☐ **exhaust gas** [igzɔ́:st gæs]	排気ガス	
☐ **pollution** [pəlú:ʃən]	公害	汚染 汚染物質
☐ **safety** [séifti]	安全	
☐ **project** [prɑ́dʒekt]	計画	事業 動を計画する
☐ **service** [sə́:rvis]	公共事業	礼拝 奉仕
☐ **movement** [mú:vmənt]	運動	動き 動向

カンパニー

従業員10万人を誇る **big business**
（ビッグ ビジネス）

大規模に事業を営む **enterprise**
（エンタプライズ）

利益を追い求める **company**
（カンパニィ）

事業の運営に必要な **capital**
（キャピトゥル）

会社が発行する **stock**
（スタック）

株の発行で集める **fund**
（ファンド）

株を保有する **stockholder**
（スタクホウルダァ）

株を取り扱う **securities company**
（セキュ（ア）リティズ カンパニィ）

会社に責任を持つ **president**
（プレズ（イ）デント）

経営で社長を支える **executive**
（イグゼキュティヴ）

会社に雇われる **employee**
（エンプロイイー）

正式に働く **full-time worker**
（フルタイム ワ～カァ）

一時的に働く **temporary worker**
（テンポレリィ ワ～カァ）

学生や主婦が働く **part-time job**
（パートゥ タイム ヂャブ）

184

80

☐ **big business** [big bíznis]	大企業	
☐ **enterprise** [éntərpràiz]	企業	
☐ **company** [kámpəni]	会社	同席 仲間
☐ **capital** [kǽpətl]	資本	首都 大文字
☐ **stock** [stɑk]	株券	在庫品 株式
☐ **fund** [fʌnd]	資金	
☐ **stockholder** [stákhòuldər]	株主	
☐ **securities company** [sikjú(ə)rətiz kámp(ə)ni]	証券会社	
☐ **president** [préz(ə)dənt]	社長	会長 頭取
☐ **executive** [igzékjutiv]	重役	管理職 形実行の
☐ **employee** [implɔií:]	社員	使用人 雇われ人
☐ **full-time worker** [fúltáim wə́:rkər]	正社員	
☐ **temporary worker** [témp(ə)rèri wə́:rkər]	臨時従業員	
☐ **part-time job** [pá:rttàim dʒɑb]	アルバイト	

仕事

肉体を動かす労働としての **work**

勤め口としての **job**

経済活動としての **business**

上司に課せられた **task**

毎日繰り返す、決まりきった **routine**

社員に支払われる **salary**

労働者に支払われる **wages**

時間ごとの **hourly wages**

日払いで受け取る **daily wages**

月々に受け取る **monthly salary**

入社して初めて受け取る **starting salary**

リストラによる従業員の **dismissal**

60歳を迎えて仕事を終える **retirement**

なんらかの理由で会社を辞める **resignation**

81

☐ **work** [wə:rk]	仕事	動働く 動を動かす
☐ **job** [dʒɑb]	仕事	成果 義務
☐ **business** [bíznis]	仕事	商売 用事
☐ **task** [tæsk]	仕事	
☐ **routine** [ru:tíːn]	決まりきった仕事	形決まりきった
☐ **salary** [sǽl(ə)ri]	給料	
☐ **wages** [weidʒiz]	賃金	
☐ **hourly wages** [áuərli weidʒiz]	時給	
☐ **daily wages** [déili weidʒiz]	日給	
☐ **monthly salary** [mʌ́nθli sǽl(ə)ri]	月給	
☐ **starting salary** [stɑ́ːrtiŋ sǽl(ə)ri]	初任給	
☐ **dismissal** [dismís(ə)l]	解雇	免職 却下
☐ **retirement** [ritáiərmənt]	退職	引退 退官
☐ **resignation** [rèzignéiʃən]	辞職	辞任 断念

経済

生産と消費による市場の **economy**
（イ(ー)カノミィ）

国力をあげて推進する **industry**
（インダストゥリィ）

海外と取引する **trade**
（トゥレイド）

貿易で栄える **commerce**
（カマ～ス）

海外から物を仕入れる **import**
（インポート）

海外に商品を販売する **export**
（エクスポート）

ビジネスで行う商品の **buying and selling**
（バイイング アンド セリィング）

商品の売買で得る **benefit**
（ベネフィト）

利益にかかる **tax**
（タックス）

利益で築く **wealth**
（ウェルス）

工場で生産される **product**
（プラダクト）

商品として売られる **article**
（アーティクル）

品物に要求される **quality**
（クワリティ）

割引なしの **fixed price**
（フィクスト プライス）

188

82

□ **economy** [i(:)kánəmi]	経済	節約
□ **industry** [índəstri]	産業	工業 勤勉
□ **trade** [treid]	貿易	職業 動売買する
□ **commerce** [kámə:rs]	商業	
□ **import** [ímpɔ:rt]	輸入	インポート 動を輸入する
□ **export** [ékspɔ:rt]	輸出	エクスポート 動を輸出する
□ **buying and selling** [baiiŋ ənd seliŋ]	売買	
□ **benefit** [bénəfit]	利益	恩恵
□ **tax** [tæks]	税	動に税を課す
□ **wealth** [welθ]	富	
□ **product** [prádəkt]	製品	産物 結果
□ **article** [á:rtikl]	品物	記事 条項
□ **quality** [kwáləti]	品質	質 良質
□ **fixed price** [fikst prais]	定価	

189

生涯

出産による赤ちゃんの **birth**

ママによる赤ちゃんの **childcare**

幼い時代の **infancy**

わんぱくな年齢の **childhood**

恋に憧れる **adolescence**

恋愛で取り交わす **engagement**

教会で行う **marriage**

しばらく夫婦が別れて暮らす **separation**

30代からの **middle age**

60歳を迎えた **old age**

身体の自由がきかない **senior citizen**

命の火が消える **death**

死後しめやかに行う **funeral**

墓地に建てられる **grave**

83

☐ **birth** [bə:rθ]	誕生	
☐ **childcare** [tʃáildkèər]	育児	
☐ **infancy** [ínfənsi]	幼児期	幼年時代 初期
☐ **childhood** [tʃáildhùd]	子供時代	幼年時代
☐ **adolescence** [æd(ə)lésns]	思春期	
☐ **engagement** [ingéidʒmənt]	婚約	
☐ **marriage** [mǽridʒ]	結婚	結婚式
☐ **separation** [sèpəréiʃən]	別居	分離 離脱
☐ **middle age** [mídl eidʒ]	中年	
☐ **old age** [ould eidʒ]	老年	
☐ **senior citizen** [síːnjər sítəzn]	高齢者	
☐ **death** [deθ]	死	
☐ **funeral** [fjúːn(ə)rəl]	葬式	
☐ **grave** [greiv]	墓	

人生①

人生で誰もが求める **happiness**〈ハピネス〉

人間がすくすく育つ **growth**〈グロウス〉

人生で直面する避けがたい **destiny**〈デスティニィ〉

人の心を温かくする **humor**〈ヒューマァ〉

思いの世界で想像する **fancy**〈ファンスィ〉

あれこれと考えをめぐらす **thought**〈ソート〉

ある問題について述べる自分の **opinion**〈オピニョン〉

人に表明する自分の **view**〈ヴュー〉

人にないしょにする **secret**〈スィークレト〉

お互いの主張を譲り合う **compromise**〈カンプロマイズ〉

事をなすときの心の **preparation**〈プレパレイション〉

他人への辛らつな **criticism**〈クリティスィズム〉

二者択一の **choice**〈チョイス〉

嫌いな人にとる冷たい **attitude**〈アティテュード〉

192

84

happiness [hǽpinis]	幸福	幸せ
growth [grouθ]	成長	増大 成長物
destiny [déstəni]	宿命	運命
humor [(h)jú:mər]	ユーモア	気分
fancy [fǽnsi]	空想	動を空想する 形凝った
thought [θɔ:t]	思考	考え 思想
opinion [əpínjən]	意見	世論
view [vju:]	見解	眺め 見ること
secret [sí:krit]	秘密	形秘密の
compromise [kámprəmàiz]	妥協	動妥協する
preparation [prèpəréiʃən]	準備	用意
criticism [krítəsìzm]	批評	非難
choice [tʃɔis]	選択	選んだ物
attitude [ǽtit(j)ù:d]	態度	

人生②

人生でかかげる未来の **purpose**
パ〜パス

心の不足を満たそうとする強い **desire**
ディザイア

ひたすら頂張る **effort**
エフォト

苦しくても我慢する **patience**
ペイシェンス

どんなことがあってもやり抜こうとする **determination**
ディタ〜ミネイション

何度も繰り返す **failure**
フェイリャ

長い人生でする様々な **experience**
イクスピ(ア)リエンス

自分と他人を比べる **comparison**
コンパリスン

どん底の生活による **poverty**
パヴァティ

努力で勝ち取る **success**
サクセス

成功に導く **luck**
ラック

努力で引き寄せる **fortune**
フォーチュン

注意しても降りかかる **misfortune**
ミスフォーチュン

自分の力で勝ち取る **glory**
グローリィ

purpose [pə́ːrpəs]	目的	決意
desire [dizáiər]	欲望	性欲 動を願う
effort [éfərt]	努力	骨折り
patience [péiʃəns]	忍耐	我慢
determination [ditə̀ːrminéiʃən]	決心	決定
failure [féiljər]	失敗	不履行 失敗者
experience [ikspí(ə)riəns]	経験	動を経験する
comparison [kəmpǽrisn]	比較	
poverty [pávərti]	貧困	貧乏
success [səksés]	成功	成功者
luck [lʌk]	運	
fortune [fɔ́ːrtʃən]	運	富 幸運
misfortune [misfɔ́ːrtʃən]	不運	不幸 不幸な出来事
glory [glɔ́ːri]	栄光	

若者

若者を狙った企業の **advertisement**
アドゥヴァタイズメント

若者の最近の **current**
カ〜レント

若者の間で起きている様々な **phenomenon**
フィナメナン

若者の自己主張としての **expression**
イクスプレション

若者の揺れ動く繊細な **sentiment**
センティメント

若者が互いに確かめ合う **friendship**
フレンドゥシプ

若者のふわふわした男女の **relation**
リレイション

若者の特権である **youth**
ユース

若者が追い求める **fun**
ファン

若者が持つ独特な **atmosphere**
アトゥモスフィア

若者がお互いに与える **stimulus**
スティミュラス

若者が未知なるものに示す **curiosity**
キュ(ア)リアスィティ

若者が否定する既存の **tradition**
トゥラディション

若者が待望するヒーローの **appearance**
アピ(ア)ランス

86

advertisement [ædvərtáizmənt]	広告	
current [kə́:rənt]	風潮	電流 形 現在通用している
phenomenon [finámənɑ̀n]	現象	
expression [ikspréʃən]	表現	表情
sentiment [séntəmənt]	感情	感傷
friendship [fréndʃip]	友情	交友関係
relation [riléiʃən]	関係	親戚
youth [ju:θ]	若さ	青春時代
fun [fʌn]	面白さ	
atmosphere [ǽtməsfìər]	雰囲気	大気
stimulus [stímjuləs]	刺激	刺激物
curiosity [kjù(ə)riásəti]	好奇心	
tradition [trədíʃən]	伝統	言い伝え
appearance [əpí(ə)rəns]	出現	外観 現れること

人間

人間を外見から見た **figure**（フィギュア）

その人から受ける **impression**（インプレション）

その人と認識できる **feature**（フィーチァ）

その人が持つ内面の **character**（キャラクタァ）

人間それぞれ違う **personality**（パ〜ソナリティ）

人間があることをやろうとする **will**（ウィル）

力を発揮するのに注ぐ **energy**（エナヂィ）

その人が日常で行う **conduct**（カンダクト）

自分の考えを強く持つ **principle**（プリンスィプル）

来客に対する洗練された **behavior**（ビヘイヴャ）

マナーをわきまえた **courtesy**（カ〜テスィ）

日常繰り返し行う **custom**（カスタム）

直さなければいけない悪い **habit**（ハビト）

克服すべき性格的な **fault**（フォールト）

87

☐ **figure** [fígjər]	姿	図形 数字
☐ **impression** [impréʃən]	印象	感じ
☐ **feature** [fí:tʃər]	特徴	容貌(複数形で) 呼びもの記事
☐ **character** [kǽrəktər]	性質	性格 登場人物
☐ **personality** [pə̀:rsənǽləti]	個性	人格 有名人
☐ **will** [wil]	意欲	意志 願望
☐ **energy** [énərdʒi]	精力	活力 集中力(複数形で)
☐ **conduct** [kándʌkt]	行為	ふるまい 動を導く
☐ **principle** [prínsəpl]	主義	原理 信念
☐ **behavior** [bihéivjər]	ふるまい	行儀 態度
☐ **courtesy** [kə́:rtəsi]	礼儀正しさ	丁重さ
☐ **custom** [kʌ́stəm]	習慣	関税(複数形で)
☐ **habit** [hǽbit]	癖	習慣 習性
☐ **fault** [fɔ:lt]	欠点	責任 誤り

人間性

人間の肉体に宿る **spirit**（スピリト）

崇高な志を持つ **mind**（マインド）

人の心を揺り動かす **soul**（ソウル）

先天的に備わった **instinct**（インスティン(ク)ト）

未来に夢を持つ **ideal**（アイディ(ー)アル）

人から絶大な評価を受ける **honor**（アナァ）

人間の幸せに不可欠な **freedom**（フリーダム）

社会の不正を正す **justice**（ヂャスティス）

物事を考える能力の **intellect**（インテレクト）

知性を支える **knowledge**（ナレヂ）

他人に対する温かい **kindness**（カイン(ドゥ)ネス）

人を心から敬う **regard**（リガード）

相手の事情をよくわかってあげる **understanding**（アンダスタンディング）

相手の悲しみに共感する **sympathy**（スィンパスィ）

spirit [spírit]	精神（肉体に対する）	霊 気分
mind [maind]	精神（心の働きを強調）	考え 理性
soul [soul]	魂	熱情 精神
instinct [ínstiŋ(k)t]	本能	
ideal [aidí(:)əl]	理想	形理想的な
honor [ánər]	名誉	尊敬 動を尊敬する
freedom [frí:dəm]	自由	解放
justice [dʒʌ́stis]	正義	公正 裁判
intellect [íntəlèkt]	知性	知力 理性
knowledge [nálidʒ]	知識	認識
kindness [káin(d)nis]	親切	優しさ
regard [rigá:rd]	尊敬	注意 関係
understanding [ʌ̀ndərstǽndiŋ]	理解	
sympathy [símpəθi]	同情	思いやり

心

心を揺り動かす **emotion**（エモゥション）

心をわくわくさせる **pleasure**（プレジァ）

心を重くする **anxiety**（アングザイアティ）

心にわきあがる嬉しい **joy**（ヂョイ）

心に力が出る **courage**（カーレヂ）

心が痛む **sorrow**（サロゥ）

心が張り裂ける **grief**（グリーフ）

心が沈んで晴れない **melancholy**（メランカリィ）

心が刺激を受ける **excitement**（イクサイトゥメント）

心が激高する **anger**（アンガァ）

心が熱く激情する **passion**（パション）

心が凍りつく **horror**（ホ(ー)ラァ）

心が希望をなくす **despair**（ディスペア）

心が情けなくなる **misery**（ミゼリィ）

☐ **emotion** [imóuʃən]	感情	情緒 興奮
☐ **pleasure** [pléʒər]	楽しみ	喜び 楽しいこと
☐ **anxiety** [æŋzáiəti]	心配	心配 切望
☐ **joy** [dʒɔi]	喜び	
☐ **courage** [kə́:ridʒ]	勇気	
☐ **sorrow** [sárou]	悲しみ	
☐ **grief** [gri:f]	深い悲しみ	
☐ **melancholy** [mélənkàli]	憂うつ	形憂うつな
☐ **excitement** [iksáitmənt]	興奮	
☐ **anger** [ǽŋgər]	怒り	
☐ **passion** [pǽʃən]	情熱	情欲
☐ **horror** [hɔ́(:)rər]	恐怖	嫌悪
☐ **despair** [dispéər]	絶望	動絶望する
☐ **misery** [mízəri]	みじめさ	大きな不幸

出来事

日常で起きるささいな **happening**〈ハプニング〉

最近起きた不思議な **incident**〈インスィデント〉

世間を騒がす重大な **event**〈イヴェント〉

自分のまわりで起きる面倒な **affair**〈アフェア〉

警察が捜査に乗り出す **case**〈ケイス〉

予期せずに起こる悲惨な **accident**〈アクスィデント〉

人々が迷惑する様々な **problem**〈プラブレム〉

人々が悲しみに暮れる **tragedy**〈トゥラヂディ〉

大地を揺り動かす **earthquake**〈アースクウェイク〉

街が崩壊する **disaster**〈ディザスタァ〉

民族間による争いの **conflict**〈カンフリクト〉

国家間による争いの **war**〈ウォー(ア)〉

独立を求めて争う **revolution**〈レヴォルーションシ〉

戦争で交わされる熾烈な **battle**〈バトゥル〉

☐ **happening** [hæp(ə)niŋ]	出来事(小さな)	事件
☐ **incident** [ínsədənt]	出来事(小さな)	事件
☐ **event** [ivént]	出来事(重大な)	事件 行事
☐ **affair** [əféər]	事件(個人的な)	事柄 関心事
☐ **case** [keis]	事件 (警察の捜査が必要な)	場合 実例
☐ **accident** [æksədənt]	事故	偶然
☐ **problem** [prábləm]	問題	悩みの種
☐ **tragedy** [trædʒədi]	悲劇	
☐ **earthquake** [ə́ːrθkwèik]	地震	
☐ **disaster** [dizǽstər]	大災害	惨事 大失敗
☐ **conflict** [kánflikt]	紛争	衝突 動と矛盾する
☐ **war** [wɔːr]	戦争	
☐ **revolution** [rèvəlúːʃən]	革命	回転 公転
☐ **battle** [bǽtl]	戦闘	戦い 闘争

基礎形容詞英単語
252

自然

空のかなたに広がる **infinite**(インフィニト) な宇宙

地球に埋蔵される **finite**(ファイナイト) な資源

太陽が昇る **eastern**(イースタン) な地平線

太陽が沈む **western**(ウェスタン) な地平線

空から眺める地球の **grand**(グランド) な眺め

アフリカ大陸に住む **wild**(ワイルド) な動物

本土から離れた **distant**(ディスタント) な孤島

谷間を流れる **narrow**(ナロウ) な川

歩いて渡れる **shallow**(シャロウ) な川

豪雨のあとの **muddy**(マディ) な川

雨になりそうな **cloudy**(クラウディ) な空

ザーザー降る **rainy**(レイニィ) な天気

梅雨が続く **wet**(ウェット) な空気

半袖で過ごせる **warm**(ウォーム) な天候

91

☐ **infinite** [ínfənit]	無限の	果てしない 計り知れない
☐ **finite** [fáinait]	有限の	限りある
☐ **eastern** [íːstərn]	東の	
☐ **western** [wéstərn]	西の	
☐ **grand** [grænd]	雄大な	壮大な 主要な
☐ **wild** [waild]	野生の	野蛮な 荒れ果てた
☐ **distant** [díst(ə)nt]	遠い	
☐ **narrow** [nǽrou]	狭い	限られた 動を狭くする
☐ **shallow** [ʃǽlou]	浅い	浅はかな
☐ **muddy** [mʌ́di]	にごった	泥だらけの ぬかるみの
☐ **cloudy** [kláudi]	曇った	
☐ **rainy** [réini]	雨の	雨降りの
☐ **wet** [wet]	湿った	濡れた
☐ **warm** [wɔːrm]	温暖な	暖かい 動を暖める

場所

ピラミッドが建つ **ancient**〔エインシェント〕な遺跡

地雷が埋められた **dangerous**〔デインヂ(ャ)ラス〕な地帯

地雷が撤去された **safe**〔セイフ〕な地帯

東京に代表される **urban**〔アーバン〕な街

都会から離れた **rural**〔ル(ア)ラル〕な地域

若者が集まる **central**〔セントゥラル〕な繁華街

みんなが利用する **civic**〔スィヴィク〕な公民館

身動きできない **crowded**〔クラウディド〕な駅構内

心が落ち着く **comfortable**〔カンファタブル〕なリゾート

物音一つしない **quiet**〔クワイエト〕なコンサートホール

光の差し込まない **dark**〔ダーク〕な牢獄

尿の臭気が漂う **foul**〔ファウル〕な宿屋

道路を渡った **opposite**〔アポズィト〕な家

アスファルトで舗装された **level**〔レヴェル〕な道路

☐ **ancient** [éinʃənt]	古代の	非常に古い
☐ **dangerous** [déindʒ(ə)rəs]	危険な	
☐ **safe** [seif]	安全な	名金庫
☐ **urban** [ə́ːrbən]	都会の	
☐ **rural** [rú(ə)rəl]	田舎の	
☐ **central** [séntrəl]	中心の	中央にある
☐ **civic** [sívik]	市民の	公民の 都市の
☐ **crowded** [kráudid]	混みあった	
☐ **comfortable** [kʌ́mfərtəbl]	快適な	気持ちのよい
☐ **quiet** [kwáiət]	静かな	平穏な 名静けさ
☐ **dark** [dɑːrk]	暗い	黒っぽい 名暗闇(theをつけて)
☐ **foul** [faul]	不潔な	名反則 動を汚す
☐ **opposite** [ɑ́pəzit]	向こう側の	反対の 名反対のもの
☐ **level** [lévəl]	平らな	動を水平にする 名水平

物

タイヤのような **round**(ラウンド) な物

サイコロのような **square**(スクウェア) な物

カチンカチンの **hard**(ハード) な物

簡単に持ち上げられる **light**(ライト) な物

一人では持ち上げられない **heavy**(ヘヴィ) な物

泥だらけの **dirty**(ダーティ) な物

表面がツルツルした **smooth**(スムーズ) な物

表面がザラザラの **rough**(ラフ) な物

指先に乗る **tiny**(タイニィ) な物

抱えられないほどの **huge**(ヒューヂ) な物

見下ろすほどの **low**(ロウ) な物

見上げるほどの **high**(ハイ) な物

透けて見える **transparent**(トゥランスパレント) な物

透けて見えない **opaque**(オウペイク) な物

round [ráund]	丸い	動を回る 名回転
square [skwɛər]	四角い	名正方形 名広場
hard [hɑːrd]	固い	難しい 副熱心に
light [lait]	軽い	軽装の 消化のよい
heavy [hévi]	重い	つらい 激しい
dirty [dáːrti]	汚い	卑劣な 動を汚す
smooth [smuːð]	なめらかな	円滑な 動を平らにする
rough [rʌf]	荒い	荒っぽい 動をざらざらにする
tiny [táini]	ちっちゃな	ごく小さい
huge [hjuːdʒ]	でっかい	巨大な 非常に大きな
low [lou]	低い	名最低点 副低く
high [hai]	高い	名高いところ 副高く
transparent [trænspǽrənt]	透明な	見えすいた (うそなど)
opaque [oupéik]	不透明な	光沢のない くすんだ

品物

いつも愛用している **favorite**(フェイヴ(ァ)リト) な化粧水

めったに手に入らない **rare**(レア) な化粧水

体のラインがはっきり出る **tight**(タイト) な服

ガバガバしてゆるい **loose**(ルース) な服

保証書のついた **real**(リー(ア)ル) なダイヤモンド

本物そっくりにつくられた **false**(フォールス) なダイヤモンド

輸入された **foreign**(フォ(ー)リン) な車

国内でつくられた **domestic**(ドメスティク) な車

故障して使えない **useless**(ユースレス) な電化製品

生活に便利な **useful**(ユースフル) な電化製品

組み立て式で部品の交換が **possible**(パスィブル) なパソコン

一体型で部品の交換が **impossible**(インパスィブル) なパソコン

使い勝手のいい **convenient**(コンヴィーニエント) な機械

使い勝手の悪い **inconvenient**(インコンヴィーニエント) な機械

☐ **favorite** [féiv(ə)rit]	お気に入りの	大好きな 图お気に入りの人(物)
☐ **rare** [rɛər]	珍しい	まれな
☐ **tight** [tait]	ぴったり合った	ぎっしり詰まった (スケジュールなど)
☐ **loose** [luːs]	だぶだぶの	ゆるい
☐ **real** [ríː(ə)l]	本物の	実際の 本当の
☐ **false** [fɔːls]	偽の	誤った 間違った
☐ **foreign** [fɔ́(ː)rin]	外国の	外からの
☐ **domestic** [dəméstik]	国内の	家庭の 家庭的な
☐ **useless** [júːslis]	役に立たない	無駄な
☐ **useful** [júːsfəl]	役に立つ	
☐ **possible** [pásəbl]	可能な	ありうる
☐ **impossible** [impásəbl]	不可能な	とてもありえない
☐ **convenient** [kənvíːnjənt]	便利な	
☐ **inconvenient** [inkənvíːnjənt]	不便な	

生活

ほしいものを買いあさる **luxurious**(ラグジュ(ア)リアス) な生活

食べるお金もない **poor**(プア) な生活

金持ちでも貧乏人でもない **average**(アヴ(ェ)レヂ) な生活

みんなとあまり変わらない **general**(ヂェネラル) な生活

収入が安定した **decent**(ディースント) な生活

毎日食べて働く **daily**(デイリィ) な生活

時間に正確な **regular**(レギュラァ) な生活

時間に追われる **busy**(ビズィ) な生活

誰にも干渉されない **private**(プライヴェト) な生活

心がワクワクする **pleasant**(プレズント) な生活

一人暮らしの **lonely**(ロウンリィ) な生活

仕事もせずにゴロゴロする **idle**(アイドゥル) な生活

ボーッとして過ごす **boring**(ボーリング) な生活

自分のことしか考えない **selfish**(セルフィシ) な生活

☐ **luxurious** [lʌgʒú(ə)riəs]	贅沢な	
☐ **poor** [puər]	貧しい	貧乏な かわいそうな
☐ **average** [ǽv(ə)ridʒ]	平均的な	名平均 (anまたはtheをつけて)
☐ **general** [dʒénərəl]	一般的な	全体的な 世間一般の
☐ **decent** [dí:snt]	ちゃんとした	まともな
☐ **daily** [déili]	日々の	日常の 名日刊新聞
☐ **regular** [régjulər]	規則的な	規則正しい 名乗客
☐ **busy** [bízi]	忙しい	にぎやかな 話し中で(電話が)
☐ **private** [práivət]	個人的な	私有の 私立の
☐ **pleasant** [pléznt]	楽しい	愉快な
☐ **lonely** [lóunli]	寂しい	孤独な
☐ **idle** [áidl]	ぶらぶらしている	何もしていない 動なまける
☐ **boring** [bɔ́:riŋ]	退屈な	
☐ **selfish** [sélfiʃ]	利己的な	

料理

刺身で出された **raw**(ロー) な魚

口の中でとろける **tender**(テンダァ) なステーキ

かみ切れない **tough**(タフ) なステーキ

厚さが5センチもある **thick**(スィック) なステーキ

レモンをしぼった **sour**(サウァ) なジュース

薬の味がする **bitter**(ビタァ) なお茶

塩漬けされた **salty**(ソールティ) な漬物

舌がヒリヒリする **hot**(ハット) な料理

セルフサービスで食べる **cheap**(チープ) な料理

料亭で食べる **expensive**(イクスペンスィヴ) な料理

風味があって **tasty**(テイスティ) な料理

舌つづみを打つ **delicious**(ディリシャス) な料理

一日10食しかつくらない **definite**(デフィニト) な料理

一流料理人がつくる **ultimate**(アルティメト) な料理

96

☐ **raw** [rɔː]	生の	未熟な
☐ **tender** [téndər]	柔らかい(食べ物)	優しい
☐ **tough** [tʌf]	固い(食べ物)	頑固な 頑丈な
☐ **thick** [θik]	ぶ厚い	太い 濃い
☐ **sour** [sáuər]	すっぱい	不機嫌な 動 をすっぱくする
☐ **bitter** [bítər]	苦い	
☐ **salty** [sɔ́ːlti]	塩からい	塩気のある
☐ **hot** [hɑt]	からい	暑い 熱い
☐ **cheap** [tʃiːp]	安い	安っぽい 副 安く
☐ **expensive** [ikspénsiv]	高価な	費用のかかる
☐ **tasty** [téisti]	おいしい	
☐ **delicious** [dilíʃəs]	とてもおいしい	
☐ **definite** [défənit]	限定された	明確な 一定の
☐ **ultimate** [ʌ́ltəmət]	究極の	根本の 最後の

人

自分より目上の **senior**(スィーニャ) な人

自分より若い **junior**(ヂューニャ) な人

自分より身分の高い **upper**(アパァ) な人

自分より身分の低い **lower**(ロウァ) な人

自分より才能のある **superior**(ス(ュ)(ー)ピ(ア)リア) な人

自分より才能のない **inferior**(インフィ(ア)リア) な人

宝くじが当選した **fortunate**(フォーチュネト) な人

悲しい人生を送る **unhappy**(アンハピイ) な人

正しい精神を持った **normal**(ノーマル) な人

奇怪なことをしでかす **abnormal**(アブノーマル) な人

世界中に知られた **famous**(フェイマス) な人

誰にも知られていない **unknown**(アンノウン) な人

目鼻だちの整った **pretty**(プリティ) な人

顔がいびつな **ugly**(アグリィ) な人

97

□ **senior** [síːnjər]	年上の	名年長者
□ **junior** [dʒúːnjər]	年下の	名年少者
□ **upper** [ʌ́pər]	上のほうの	上部の 上流の
□ **lower** [lóuər]	下のほうの	下級の より低い
□ **superior** [s(j)u(ː)pí(ə)riər]	優れた	
□ **inferior** [infí(ə)riər]	劣った	劣等の
□ **fortunate** [fɔ́ːrtʃənət]	幸運な	幸せな
□ **unhappy** [ʌnhǽpi]	不幸な	不満な
□ **normal** [nɔ́ːrməl]	正常な	普通の
□ **abnormal** [æbnɔ́ːrməl]	異常な	
□ **famous** [féiməs]	有名な	
□ **unknown** [ʌnnóun]	無名の	知られていない
□ **pretty** [príti]	きれいな	快い 副かなり
□ **ugly** [ʌ́gli]	みにくい	不格好な

体

病気一つしない **sound**(サウンド) な体

エネルギーがみなぎる **fine**(ファイン) な体

働きすぎで **tired**(タイアド) な体

病気がちな **unhealthy**(アンヘルスィ) な体

病院に入院する **sick**(スィック) な体

怪我をしない **strong**(ストゥロ(ー)ング) な体

すぐに病気にかかる **weak**(ウィーク) な体

筋肉隆々の **masculine**(マスキュリン) な体

しなやかな肢体の **feminine**(フェミニン) な体

体重が100キロもある **fat**(ファット) な体

減量のしすぎで **thin**(スィン) な体

ファッションモデルのような **slender**(スレンダァ) な体

拒食症で骨と皮だけの **skinny**(スキニィ) な体

柔軟性のないガチガチの **stiff**(スティフ) な体

98

☐ **sound** [saund]	健全な	十分な 副ぐっすりと
☐ **fine** [fain]	元気な	立派な 晴れた
☐ **tired** [táiərd]	疲れた	飽きた
☐ **unhealthy** [ʌnhélθi]	不健康な	病弱な
☐ **sick** [sik]	病気の	吐き気がする
☐ **strong** [strɔ(:)ŋ]	強い	得意な 濃い(コーヒーなどが)
☐ **weak** [wi:k]	弱い	劣っている 薄い(コーヒーなどが)
☐ **masculine** [mǽskjulin]	男らしい	男の
☐ **feminine** [fémənin]	女らしい	女の
☐ **fat** [fæt]	太った	ぶ厚い 名脂肪
☐ **thin** [θin]	やせた	薄い 細い
☐ **slender** [sléndər]	ほっそりした	細長い わずかの
☐ **skinny** [skíni]	やせこけた	骨と皮の
☐ **stiff** [stif]	堅い	手強い 堅苦しい

話

人を笑わせる **funny**(ファニィ) な話

人を面白がらせる **enjoyable**(エンヂョイアブル) な話

人をいやな思いにさせる **unpleasant**(アンプレズント) な話

人をおびえさせる **terrible**(テリブル) な話

人をおちょくる **stupid**(スチューピド) な話

人を興奮させる **exciting**(イクサイティング) な話

人を真面目にさせる **serious**(スィ(ア)リアス) な話

人の涙を誘う **sad**(サッド) な話

人の心を打つ **true**(トゥルー) な話

人が頭をひねる **strange**(ストゥレインヂ) な話

人が関心を示す **interesting**(インタレスティング) な話

人には理解できない **difficult**(ディフィカルト) な話

人を信じさせる **certain**(サートゥン) な話

人をその気にさせる **likely**(ライクリィ) な話

99

☐ **funny** [fÁni]	おかしい	変な こっけいな
☐ **enjoyable** [indʒɔ́iəbl]	楽しい	愉快な
☐ **unpleasant** [ʌnpléznt]	不愉快な	いやな
☐ **terrible** [térəbl]	恐ろしい	ひどい
☐ **stupid** [st(j)úːpid]	ばかげた	ばかばかしい
☐ **exciting** [iksáitiŋ]	興奮させる	
☐ **serious** [sí(ə)riəs]	真剣な	重大な 重い(病気などが)
☐ **sad** [sæd]	悲しい	ひどく悪い
☐ **true** [truː]	真実の	本当の 誠実な
☐ **strange** [streindʒ]	奇妙な	不思議な 見知らぬ
☐ **interesting** [ínt(ə)ristiŋ]	面白い	
☐ **difficult** [dífikəlt]	難しい	困難な 気難しい
☐ **certain** [sə́ːrtn]	確かな	確実な
☐ **likely** [láikli]	ありそうな	適当な(〜するのに) 副たぶん

意見

自分の本音で話す **frank**(フランク) な意見

嘘いつわりのない **honest**(アネスト) な意見

事例をあげた **concrete**(カンクリート) な意見

わずかな言葉にまとめた **brief**(ブリーフ) な意見

理にかなった **rational**(ラショナル) な意見

誰もが納得する **apt**(アプト) な意見

意味が曖昧な **vague**(ヴェイグ) な意見

みんなとは異なる **different**(ディフ(ェ)レント) な意見

出つくしたあとの **else**(エルス) な意見

真っ向から対立する **contrary**(カントゥレリィ) な意見

憎しみから発言する **hostile**(ハストゥル) な意見

あまり価値のない **minor**(マイナァ) な意見

一同をうならせる **excellent**(エクセレント) な意見

全員が感嘆する **admirable**(アドゥミラブル) な意見

100

frank [fræŋk]	率直な	
honest [ánist]	正直な	誠実な 率直な
concrete [kɑnkríːt]	具体的な	名コンクリート
brief [briːf]	簡潔な	短時間の 名簡単な説明
rational [ræʃ(ə)nəl]	合理的な	理性の
apt [æpt]	適切な	
vague [veig]	漠然とした	曖昧な はっきりしない
different [díf(ə)rənt]	違った	いろいろな
else [els]	その他の	副その他に
contrary [kántreri]	反対の	名正反対
hostile [hástl]	敵意のある	敵の 敵国の
minor [máinər]	たいして重要でない	小さいほうの 名未成年者
excellent [éks(ə)lənt]	優れた	優秀な
admirable [ædm(ə)rəbl]	賞讃すべき	感心な あっぱれな

優秀な人

機転のきく **smart**(スマート) な人

賢明で鋭い **clever**(クレヴァ) な人

知恵にたけた **wise**(ワイズ) な人

頭脳明晰で **bright**(ブライト) な人

大学を主席で卒業した **intelligent**(インテリヂェント) な人

物事に動じない **calm**(カーム) な人

仕事に打ち込む **earnest**(アーネスト) な人

どんな要求にも応える **efficient**(イフィシェント) な人

困難な問題にも挑戦する **brave**(ブレイヴ) な人

腰が低くて控えめな **humble**(ハンブル) な人

いつも真心を尽くす **sincere**(スィンスィア) な人

人生経験を積んだ **mature**(マテュア) な人

ミス一つしない **perfect**(パーフェクト) な人

非の打ちどころのない **complete**(コンプリート) な人

101

□ **smart** [smɑːrt]	利口な (口語的)	しゃれた 動すきすき痛む
□ **clever** [klévər]	利口な	頭のよい 器用な
□ **wise** [waiz]	賢い	博識の 賢明な
□ **bright** [brait]	頭がいい	輝いている あざやかな
□ **intelligent** [intélədʒənt]	知能の高い	
□ **calm** [kɑːm]	落ち着いた (気分などが)	おだやかな 動を静める
□ **earnest** [ə́ːrnist]	熱心な	真面目な 真剣な
□ **efficient** [ifíʃənt]	有能な	能率的な 効果的な
□ **brave** [breiv]	勇敢な	
□ **humble** [hʌ́mbl]	謙虚な	
□ **sincere** [sinsíər]	誠実な	心からの
□ **mature** [mət(j)úər]	成熟した	円熟した 熟達した
□ **perfect** [pə́ːrfikt]	完璧な	完全な 申し分のない
□ **complete** [kəmplíːt]	完全な	動を仕上げる

229

好かれる人

見た目の愛らしい **lovely** な人

子供みたいに純真で **innocent** な人

人見知りする **shy** な人

疑うことを知らない **pure** な人

いつも明るい **merry** な人

心の広い **mild** な人

人の気持ちがよくわかる **sensitive** 人

感性が細やかな **delicate** な人

生命力のある **vivid** な人

人の心を包みこむ **fond** な人

気立てのいい **graceful** な人

いつも一緒に酒を飲む **close** な人

人を差別しない **fair** な人

誰からも親しまれる **popular** な人

☐ **lovely** [lʌ́vli]	可愛い	美しい 素晴らしい
☐ **innocent** [ínəsənt]	無邪気な	無罪の 害のない
☐ **shy** [ʃai]	はにかみやの	内気な 恥ずかしがりやの
☐ **pure** [pjiər]	純粋な	清い 汚れのない
☐ **merry** [méri]	陽気な	
☐ **mild** [maild]	温和な	柔和な おだやかな
☐ **sensitive** [sénsətiv]	敏感な	感じやすい
☐ **delicate** [délikət]	繊細な	敏感な きゃしゃな
☐ **vivid** [vívid]	生き生きした	あざやかな
☐ **fond** [fɑnd]	愛情の深い	優しい
☐ **graceful** [gréisfəl]	上品な	優雅な 気品のある
☐ **close** [klous]	親しい(関係が)	ごく近い 副すぐ近くに
☐ **fair** [fɛər]	公平な	かなりの 副公正に
☐ **popular** [pápjulər]	人気のある	大衆向けの

嫌われる人

やかましく話す **loud**(ラウド) な人

わめき声を発する **noisy**(ノイズィ) な人

顔も洗わない **lazy**(レイズィ) な人

脳味噌がからっぽな **silly**(スィリィ) な人

何も興味を示さない **indifferent**(インディフ(ェ)レント) な人

一般常識も知らない **ignorant**(イグノラント) な人

すぐに白黒をつけたがる **extreme**(イクストゥリーム) な人

鼻持ちならない **proud**(プラウド) な人

自分の意見しか認めない **stubborn**(スタボン) な人

他人に思いやりのない **unkind**(アンカインド) な人

他人の迷惑をかえりみない **rude**(ルード) な人

いつもプンプンしている **angry**(アングリィ) な人

人に危害を及ぼす **violent**(ヴァイオレント) な人

悪魔を信奉する **evil**(イーヴル) な人

103

☐ **loud** [laud]	大声の	大きい 副大声で
☐ **noisy** [nɔ́izi]	騒々しい	やかましい
☐ **lazy** [léizi]	怠惰な	無精な なまけ者の
☐ **silly** [síli]	ばかな	愚かな
☐ **indifferent** [indíf(ə)rənt]	無関心な	公平な どうでもよい
☐ **ignorant** [ígnərənt]	無知な	無学な
☐ **extreme** [ikstrí:m]	極端な	過激な 名極端
☐ **proud** [praud]	高慢な	誇りを持っている 自尊心の強い
☐ **stubborn** [stʌ́bərn]	頑固な	強情な 扱いにくい
☐ **unkind** [ʌnkáind]	不親切な	思いやりのない
☐ **rude** [ru:d]	無礼な	失礼な 下品な
☐ **angry** [ǽŋgri]	怒った	腹を立てた
☐ **violent** [váiələnt]	暴力的な	激しい 激烈な
☐ **evil** [í:vəl]	邪悪な	不運な 名悪

研究

物理の法則を調べる **scientific**(サイエンティフィク) な研究

ガンの克服を目指す **medical**(メディカル) な研究

初心に戻った **basic**(ベイスィク) な研究

「いろは」にあたる **elementary**(エレメンタリィ) な研究

誰にも真似のできない **original**(オリヂナル) な研究

まったく意味のない **vain**(ヴェイン) な研究

寝食を忘れるほどの **eager**(イーガァ) な研究

継続して続けられる **constant**(カンスタント) な研究

どこからも干渉されない **independent**(インディペンデント) な研究

世界が目を見張る **notable**(ノウタブル) な研究

国家が支援する **important**(インポートゥント) な研究

人類の繁栄に **necessary**(ネセセリィ) な研究

人命にかかわる **vital**(ヴァイトゥル) な研究

妥協を許さない **thorough**(サ〜ロウ) な研究

104

☐ **scientific** [sàiəntífik]	科学の	科学的な
☐ **medical** [médikəl]	医学の	内科の
☐ **basic** [béisik]	基礎の	
☐ **elementary** [èləméntəri]	初歩の	基本の
☐ **original** [ərídʒ(ə)nəl]	独創的な	最初の 名原物
☐ **vain** [vein]	無駄な	空しい 虚栄心の強い
☐ **eager** [íːgər]	熱心な	
☐ **constant** [kánstənt]	絶え間のない	不変の
☐ **independent** [ìndipéndənt]	独立した	独立の 頼らない
☐ **notable** [nóutəbl]	注目すべき	著しい 顕著な
☐ **important** [impɔ́ːrt(ə)nt]	重要な	大切な 有力な
☐ **necessary** [nésəsèri]	必要な	名必需品
☐ **vital** [váitl]	絶対必要な	生命の きわめて重要な
☐ **thorough** [θə́ːrou]	徹底的な	まったくの

仕事

自分が他社に発注する **outer** な仕事

自分が自社で行う **inner** な仕事

自分が生涯行う **permanent** な仕事

自分が臨時に行う **temporary** な仕事

自分がたずさわる **direct** な仕事

自分にはかかわりの薄い **indirect** な仕事

自分が毎日行う **usual** な仕事

自分には簡単な **primary** な仕事

自分が担当する **main** な仕事

自分が本職にする **chief** な仕事

自分が責任を持って行う **major** な仕事

自分が最優先する **prime** な仕事

自分だけに与えられた **particular** な仕事

自分にしかできない **unique** な仕事

outer [áutər]	外部の	外の 外側の
inner [ínər]	内部の	内密の 内面的な
permanent [pə́:rmənənt]	永久の	不変の 图パーマ
temporary [témp(ə)rèri]	一時的な	仮の 臨時の
direct [dirékt]	直接の	まっすぐな 動を指揮する
indirect [ìndirékt]	間接の	まっすぐでない
usual [júːʒuəl]	いつもの	普通の よくある
primary [práimèri]	初歩の	第一の 初歩の
main [mein]	おもな	主要な
chief [tʃiːf]	おもな	主要な 图長
major [méidʒər]	主要な	専攻の 大きいほうの
prime [praim]	第一の	最上等の 图全盛期(theをつけて)
particular [pərtíkjulər]	格別の	特定の 图項目
unique [juːníːk]	唯一の	独特の 非常に珍しい

社会

地上に文明を築いた **human**(ヒューマン) な社会

今を生きる **modern**(マダン) な社会

今より前の **former**(フォーマァ) な社会

差別のない **equal**(イークウォル) な社会

差別だらけの **unequal**(アンイークウォル) な社会

将来が心配な **anxious**(アン(ク)シャス) な社会

人によって待遇の違う **unfair**(アンフェア) な社会

将来に希望がない **hopeless**(ホウプレス) な社会

警備の行き届いた **secure**(セキュア) な社会

福祉の行き届いた **adequate**(アデクウェト) な社会

マナーの行き届いた **moral**(モ(ー)ラル) な社会

誰もが安心して過ごせる **peaceful**(ピースフル) な社会

誰もが幸せな **great**(グレイト) な社会

神が支配する **absolute**(アブソルート) な社会

106

human [hjú:mən]	人間の	人間的な
modern [mádərn]	現代の	現代的な 名近代人
former [fɔ́:rmər]	以前の	昔の
equal [í:kwəl]	平等の	等しい 名同等の人(物)
unequal [ʌní:kwəl]	不平等な	等しくない
anxious [æŋ(k)ʃəs]	不安な	気がかりな
unfair [ʌnfέər]	不公平な	不当な 不正な
hopeless [hóuplis]	絶望的な	望みのない
secure [sikjúər]	安全な	動を手に入れる 動を安全にする
adequate [ǽdikwit]	十分な	足る(〜するに) 適任の
moral [mɔ́(:)rəl]	道徳的な	名教訓 名道徳(**the**をつけて)
peaceful [pí:sfəl]	平和な	おだやかな
great [greit]	素晴らしい(口語的)	偉大な 大きな
absolute [ǽbsəlù:t]	絶対の	まったくの 絶対的な

経済

証券市場をにぎわす **active**(アクティブ) な取引

素人には理解できない **complex**(カンプレックス) なデリバティブ

為替の取引に **indispensable**(インディスペンサブル) な通信網

経済が安定した **recent**(リースント) な株価

突然高騰する **unusual**(アンユージュアル) な株価

これ以上は上がらない **maximum**(マクスィマム) な株価

これ以上は下がらない **minimum**(ミニマム) な株価

刻々と変化する為替の **rapid**(ラピド) な変動

売買を即決する **instant**(インスタント) な判断

あやまちが許されない **correct**(コレクト) な判断

曖昧では価値のない **exact**(イグザクト) な情報

株の売買で **successful**(サクセスフル) な投資家

経済恐慌による **inevitable**(インエヴィタブル) な倒産

政府が断行する **bold**(ボウルド) な政策

107

単語	意味1	意味2
active [æktiv]	活動的な	積極的な
complex [kàmpléks]	複雑な	
indispensable [ìndispénsəbl]	不可欠な	絶対必要な
recent [rí:snt]	最近の	近頃の
unusual [ʌnjú:ʒuəl]	異常な	普通ではない
maximum [mæksəməm]	最大限の	最高の / 名最大限
minimum [míniməm]	最小限の	名最小限
rapid [ræpid]	速い	敏速な
instant [ínstənt]	即座の	すぐの / 名瞬間
correct [kərékt]	正しい	正確な / 動を訂正する
exact [igzǽkt]	正確な	厳密な
successful [səksésfəl]	成功した	合格した / うまくいった
inevitable [inévətəbl]	避けられない	必然の / 確かな
bold [bould]	大胆な	ずうずうしい

政治

理念で分かれる **political**(ポリティカル) な党

急激な税収不足による **financial**(フィナンシャル) な危機

世界の蔵相が集まる **international**(インタナショナル) な会議

紛争地域への **military**(ミリテリィ) な派遣

内紛による **unstable**(アンステイブル) な国内

国家が追求する **national**(ナショ(ョ)ナル) な幸福

憲法が保障する国民の **fundamental**(ファンダメントゥル) な人権

政府が手がける **public**(パブリク) な事業

定期的に国会で行う **conventional**(コンヴェンショナル) な会議

何度も繰り返す **frequent**(フリークウェント) な打ち合わせ

国民の誰もがわかる **clear**(クリア) な政策

不況続きで **scarce**(スケアス) な税収

国民の代表である議員の **responsible**(リスパンスィブル) な行動

首相に一任された **final**(ファイヌル) な決断

単語	意味1	意味2
political [pəlítikəl]	政治の	
financial [finǽnʃəl]	財政上の	財界の
international [ìntərnǽʃ(ə)nəl]	国際的な	
military [mílitèri]	軍隊の	軍の 名軍隊(theをつけて)
unstable [ʌnstéibl]	不安定な	変動しやすい
national [nǽʃ(ə)nəl]	国民の	国家の 国立の
fundamental [fÀndəméntl]	基本的な	根本的な
public [pʌ́blik]	公共の	公務の 名一般大衆(theをつけて)
conventional [kənvénʃ(ə)nəl]	慣例の	因習的な 伝統的な
frequent [frí:kwənt]	ひんぱんな	たびたびの しばしば起きる
clear [kliər]	明らかな	晴れた はっきりした
scarce [skéərs]	とぼしい	少ない
responsible [rispánsəbl]	責任のある	信頼できる
final [fáinl]	最終の	最終的な 名決勝戦(複数形で)

ヤバいくらい覚えられる
初中級 必修英単語 1500

著 者	リック西尾
発行者	真船美保子
発行所	KK ロングセラーズ
	東京都新宿区高田馬場 2-1-2　〒 169-0075
	電話 (03) 3204-5161(代)　振替 00120-7-145737
	http://www.kklong.co.jp
印 刷	中央精版印刷(株)　製 本　(株)難波製本

落丁・乱丁はお取り替えいたします。
※定価と発行日はカバーに表示してあります。
ISBN978-4-8454-5063-3　C0282　Printed In Japan 2018